ちくま新書

ゆたかさをどう測るか

——ウェルビーイングの経済学

山田鋭夫
Yamada Toshio

1842

ゆたかさをどう測るか——ウェルビーイングの経済学【目次】

*凡例

一、引用文中の傍点は、とくに断り書きのないかぎり、引用者による強調。
一、引用文中の〔　〕は引用者による補足ないし訳註。
一、引用文中の（…）は途中省略。
一、巻末の註においては、外国語文献のうち邦訳のあるものについては、邦訳書の書誌のみを記載するにとどめ、それぞれの原書についてはその初版出版年のみを付記することを原則とした。
一、訳書からの引用に際しては、一部、訳書訳文と異なる場合がある。

はじめに――ゆたかさをどう捉え、測り、創るか

誰もが幸せでゆたかな一生を送りたいと願っている。そんなごく自然な願いを社会総体としてどう実現していくか。ある意味で人類は長年、これを夢に見つづけてきた。その夢にむかって今日、ごく初歩的にではあるが、一部諸国や国際機関で真剣に取り組んでいこうという動きが見られるようになった。その成否は予断を許さないとはいえ、この動きの核をなす語が「ウェルビーイング」（well-being / bien-être）である。

地球規模でみればたしかに、人類が飢餓や物質的貧困の問題を解決したというにはほど遠い。この日本でも、生活苦や相対的貧困にあえぐ人びとは決して少数でない。この点、しっかりと肝に銘じたうえでの話だが、しかし、少なくとも中核的な資本主義諸国においては、経済社会問題の中心は、「貧富格差」（不平等）の問題と並んで、「生活の質」の向上の問題に移行しつつある。つまり主要な課題は、従来の「一人当たりGDP」ないし「生

活水準」の量的上昇から、「ウェルビーイング」をいかに実質化し「生活の質」をいかに充実させていくかに移りつつあるかにみえる。

ここにウェルビーイングとは、とりあえず「ゆたかな生」と言いなおしておこう。各個人が人間としてゆたかに成長し活躍しうるような生を全うすることである。それは同時に、人びとが自らの生をゆたかに創造し享受することによって、社会全体としても安寧と連帯と躍動が生み出されるような状態でもあろう。

そのウェルビーイングの根本を探っていくと、結局、人びとがいかに個性ゆたかな人間として自らを形成し、その恩恵を互いに分かち合う喜びを共有するかという問題に行きつく。一人ひとりの潜在的能力が十分に開花して発揮され、それによって社会に貢献するとともに、本人も社会的な絆のなかで生きがいを感じうるような生のあり方である。簡単にいえば、各人が社会のなかで「持ち場」をもち、そのなかで個人の「持ち味」が存分に発揮されるような、そんな社会を創ることである。これを「人間形成的」なあり方と呼ぶならば、ウェルビーイングとはそれが経済社会の基軸的な編成原理となることでもある。

ところで一体、「ゆたかさ」とは何だろうか。これは戦後日本でも幾度となく問われつづけてきた問いである。とくに高度成長期からバブル経済期にかけてそうであった。しかし、GDP成長によって「ゆたかな富」が曲がりなりにも実現すると同時に、成長主義の弊害が顕在化してきた今の二一世紀日本においては、私たちは問いを一歩進めて、「ゆたかな生《ウェルビーイング》」とは何だろうかについて積極的に考えていくべきではなかろうか。しかも、それをたんに夢想するのでなく、「ゆたかな生」とは本質的に何であり、それをどう計測し、どう創出していけばいいのかについて、考えてみなければならない。この本では、ささやかではあるが、そうした課題への第一歩を踏み出してみたい。

「ゆたかさをどう測るか」という問いは、たんに「計測」という、いわば技術的問題に終わらない。技術は思想や社会観に担われており、逆に世界観や文明観はどんな技術を発展させるかのうちに宿る。したがって、「ゆたかさをどう測るか」（計測論）の問いは、「ゆたかさをどう捉えるか」（本質論）および「ゆたかさをどう実現するか」（実践論）への問いと不可分である。測定問題は社会ヴィジョンの問題なのである。その意味で「どう測るか」といっても、テクニカルな計測技術の細部に立ち入るのでなく、計測法に体現されている経済社会観やその将来像を問うてみるのが、本書の趣旨である。

この本のサブタイトルを「ウェルビーイングの経済学」とした。ウェルビーイングを

「経済」を中軸にして考えてみたいからだ。ところで従来から、「経済」なるものを構成する中心的な場とされてきたのは、「市場」（資本主義的営利企業が活動する場）であり、また「国家」（地方自治体を含む）であった。だがしかし、それらは、人間形成やウェルビーイングという課題にどこまで応えてきたか、そして、今後どこまで応える原理と能力を具えているのか。まずはそれが問われねばならない。

このとき本書は、「市場」（第一セクター）でも「国家」（第二セクター）でもない「第三《サード》」のセクターが存在することに注目する。「社会」セクターないし「市民社会」セクターである。ここに「市民社会」とは、一九八〇年代以降に世界的に興隆してきた「新しい市民社会論」（その代表者はJ・ハーバーマス）にいうそれを念頭に置いている。比較的小規模な市民社会は「コミュニティ」と言ってもよい。

そして、この市民社会ないしコミュニティは、近年「社会的連帯経済」(social and solidarity economy：SSE）と呼ばれるようになった経済活動がなされる場でもある。この領域は、各種NPO（non-profit organization：非営利組織）の活動にみるように、「市場」とも「国家」とも異なる独自の目標や組織形態によって特徴づけられる。各国の国民経済に占めるその経済規模は必ずしも大きくないが、しかし次第に増加傾向にある。国家から市場へという新自由主義的旋回は、しかしその裏側で、そしてそれに対抗して、国家・市場から市民社会へという動きを誘発していたのである。あるいは、そもそも長い人類史のなかでは、国家や市場は後発の歴史的形成物であって、むしろコミュニティ的協力こそが原初からの基底的原理であったが、それがあらためて現代的形態のもとに浮上してきたのだとも言える。

しかも今日的なコミュニティ（＝市民社会）組織は、ある種の倫理性と民主主義を発展させようとする組織でもある。この市民社会セクターが全経済を覆いつくすことはありえないとしても、少なくとも他の二セクターの弊害面を補完し牽制《けんせい》し、さらにはそれらに是正作用を及ぼす可能性がないわけではない。市民社会と市民社会組織への期待は高まりつつある。

ここで浮かび上がってくる問いは、社会的連帯経済や人間形成的活動の成果は、はたしてGDP（国内総生産）といった指標で測れるのだろうか、また、それで測ってよいのだろうかということである。一例をあげれば、医療という人間形成的活動のおかげで健康が回復したということは、健康の回復という人間形成的な事実それ自体が真の成果であって、それを安易にGDPや金銭的価値に置き換えてよいものだろうか。これは直接には計測問題ではあるが、その背後に経済社会観の問題がひかえていることは一目瞭然である。この本ではこうした問題意識を大切にしていきたい。

実をいうと、ウェルビーイング社会への模索と統計化は、国連（UN）や経済協力開発機構（OECD）といった国際機関ではすでになされているし、日本政府も少なくとも調査研究レベルでは、遅まきながら関心を示している。その決定的な端緒となったのは、二〇一〇年に発表された「スティグリッツ報告書」（J・E・スティグリッツやA・センといったノーベル経済学賞受賞者らによる報告書）である。これ以降、従来のGDP中心主義的な――つまり経済成長至上主義的な――経済社会観から脱して、新しい経済社会発展の指標づくりが多方面で試みられている。それら諸指標は、いまだ不完全とはいえ「ゆたかな生」の中味を具体的に指し示そうとしている。

「ウェルビーイング」ということばは、ビジネスや個人的幸せにかんするハウツー本などでも、近年、おどろくほどに頻出するようになった。それに対してこの本は、もっと経済社会総体や歴史の長期的趨勢を見透す観点から「ウェルビーイング」を問題としたい。つまり本書は、GDP中心の「ゆたかな富」概念への反省のうえに立って、一方で、市民社会的活動をひとつの手がかりとし、他方で、「ゆたかな生」という新しいゆたかさ概念の視点からする社会形成への試行を検討することによって、人間形成主導型のウェルビーイング社会を模索しようという試みである。

そのなかでA・スミス以来の古典派経済学から、J・K・ガルブレイスやR・ボワイエらの制度派経済学まで、さらにはP・クロポトキンの相互扶助論、E・オストロムのコモンズ論、S・ボウルズらのホモ・レシプロカンス（互酬人）論などの社会経済思想を検討しながら、これからの「ゆたかさ」の輪郭を明らかにしていきたい。

この本は以下のように構成される。

最初に「ウェルビーイング」ということばが近年、急速に普及してきた事実について振りかえる（第一章）。次いで、ゆたかさの尺度は伝統的に「一人当たりGDP」とされてきたが、しかしそれは「ゆたかな生」を体現するものではないことを指摘する（第二、三章）。そのうえで、ウェルビーイング社会の実現をめざそうとするとき、市場でも国家でもない第三のセクターたる「市民社会」あるいは「社会的連帯経済」がもつ意義を開示するとともに（第四章）、その背後にある協力・互酬・信頼の経済思想史を顧みる（第五章）。そして、今日のウェルビーイングの核心は対人社会サービス活動の充実であるという理解のもと、これを「下から」担っているNPO（市民社会組織）に光を当てる（第六章）。他方、いわば

「上から」の試みとして、国際機関や各国政府で検討が始まったウェルビーイングの計測問題を取り上げ、そこでは結局、人間の能力形成と紐帯形成の諸要因を具体的にどう特定し測定するかが課題となっていることを見る（第七章）。最後に、人間形成を主導原理とするウェルビーイング社会にむけて踏まえるべき重要論点について、数点指摘して本書を締めくくる（第八章）。

言いかえれば本書は、ゆたかさとは何かを広い意味で問う本質篇（第一〜三章）、ウェルビーイングという新しいゆたかさとその計測について考える計測篇（第七章）、そしてNPOなどの市民社会活動がウェルビーイング社会の創出にとってもつ意義を掘り起こす実践篇（第四〜六、八章）からなる。重ねていうが、「どう測るか」は新しい経済社会をどう構想するかの問いなのである。

第一章 「ウェルビーイング」はどう広がったか

†花盛りのウェルビーイング

「ウェルビーイング」が花盛りである。こう言うと奇異な感をあたえるかもしれない。そんなことば聞いたことがない、初耳だ、というのが、むしろ一般的な感覚だからだ。たしかに「ウェルビーイング」なる語は、多くの日本人にとって聞きなれない外国語だ。そもそもどういう意味なんだ、との反問も返ってくる。

だが、ひとたび実業界、政界、行政、さらには学界や出版界、それに生活世界に眼を向けると、この語は最近になって、いやもっと限定していえば二〇二〇年代になって、ブームといってよいほど急速に使用されるようになってきた。この語を「幸福（感、度）」とか「福祉」と訳すケースを含めれば、その使用例はさらに多くなる。

取りあえず新聞報道を見てみよう。例えば二〇二二年、日本経済新聞は年初に「今年をウェルビーイング元年に」と題するコラムを載せた。そこでは「ウェルビーイングという言葉が注目されている」という書き出しに始まって、「従業員のウェルビーイング向上は生産性に直結する」として、そのための企業側の努力の必要性が説かれている(1)。

同紙はまた同年五月、「ウェルビーイング経営の必要性」なる小論を掲載した。そこでは、ビジネスの場でのウェルビーイングの向上を目指す企業が増加してきた要因として、以下の三点が指摘されている。第一に、経済面のみならず心のゆたかさを重視する社会への変化、第二に、幸福度を計測する方法の進展にともない、従業員の幸福を促進する経営の有効性の根拠が明らかになってきたこと、そして第三に、人材確保の観点からも従業員が幸福に働ける環境づくりが大切になってきたことである、と。(2)

毎日新聞は二〇二四年、「持続可能な未来へ」シリーズの一環に「ウェルビーイング」を取り上げて、これが大学教育の現場で追求されていることを報じている。(3) 同年、中日新聞(東京新聞)では、データサイエンティストの宮田裕章がウェルビーイングを「共によりよくあること」(Better Co-Being)だと説明しつつ、それをどう計測するかという問題を取り上げている。(4)

新聞にかぎらず、書籍やインターネット上でも、「ウェルビーイング」の語はいわゆるSDGs(持続可能な開発目標)とならんで、花盛りである。とりあえずビジネスの現場を見ても、ウェルビーイングへの関心は一気に高まってきた。そのとき主としてイメージされているものは、従業員の健康管理、メンタルケア、モチベーションアップなどである。また、朝日新聞によれば、ある銀行は、「ウェルビーイングな地域社会の創造」を長期ヴィジョンとして掲げているとのことだが、ここでは「ウェルビーイング」は従業員のみならず、地域全体を視野においたものとなっている。[5]

政治や行政では

そればかりでない。行政とりわけ地方行政の面でも、県や市が中心となってウェルビーイングを推進する取り組みが始まった。二〇二二年三月の読売新聞は、「ウェルビーイング　まちづくりの指標に」「住民の幸福度　自治体注目」の見出しのもと、富山県、茨城県、加古川市などでの実践を紹介している。そのなかで例えば富山県の担当者は、地域の魅力の発信法として「経済規模などの考え方に縛られない新たな指標が必要」だと語っている。[6]
ちなみに富山県庁には「ウェルビーイング推進課」という部署があり、ウェルビーイングの普及や関係人口の創出（ワーケーション・テレワークの推進）などの業務に力を入れている。[7] 他の地方自治体でも、程度や用語のちがいはあれ、ウェルビーイングを標語に掲げないところはまずないといってよかろう。その背景のひとつとして、デジタル庁のかけ声のもと、デジタル技術を応用したスマートシティ構想が展開されていることも挙げられる。[8]
政府や政治のレベルでは、「コンクリートから人へ」のスローガンを掲げた民主党政権のもと、GDP至上主義から脱却すべく幸福度指標の作成が模索され、二〇一一年には「幸福度指標試案」が作成されている。しかし、東日本大震災（二〇一一年）への対応に追われるなかで、それ以上の進展は望み薄となった。政権交代後の第二次安倍晋三内閣は「アベノミクス」を掲げてGDP成長路線へと回帰して、ウェルビーイング路線からは多分に後退した。しかしそのなかにあって二〇一八年、自民党内に「日本Well-being計画推進プロジェクトチーム」が発足し、以後、数次にわたる提言を行っている。

これらはやがて、政府レベルの「経済財政運営と改革の基本方針」（いわゆる「骨太の方針」）にも少しずつ反映されてゆき、二〇一九年および二〇二〇年の方針には「人々の満足度（well-being）を見える化」すべく、そのための主要な評価指標を構築することが提案されるようになった[9]。以後の「骨太の方針」にもこの観点は引き継がれ、国民がウェルビーイングを実感できる社会の実現が唱えられ、そして二〇二三年には、地方自治体においてウェルビーイング指標の活用を促進するよう提言されている[10]。二〇二四年版でも「誰もが活躍できるWell-beingが高い社会の実現」なる小見出しが躍っている[11]。

また、デジタル庁が中心となって進められているデジタル田園都市国家構想では、それは「心ゆたかな暮らし」（Well-being）と「持続可能な環境・社会・経済」（Sustainability）を実現していく構想である、と謳われている。[12] 加えて政府の経済財政諮問会議でも、右の「骨太の方針」同様、「誰もが活躍できるウェルビーイングの高い社会」といったかたちで、このことばが飛び交っているようだ。[13]

ただし、政府の実際の施策において、ウェルビーイングが第一級の優先目標とされているかどうかは怪しく、依然として成長優先の姿勢が色濃く貫徹していることを見逃すべきではなかろう。「成長のためのウェルビーイング」が前面化し、「ウェルビーイングのための経済」の観点は後景に退いている感は否めない。「新しい資本主義」を掲げて二〇二一年秋に発足した岸田文雄政権が、当初強調していた「人間中心の資本主義」はどこへやら、いつの間にか経済成長優先、金融所得収益優先へと舵を切ったことなど、その好例である。二〇二四年秋からの石破茂内閣は、最初の所信表明演説では「満足度・幸福度の向上」にふれていた。しかし直後の総選挙では「日本を守る 成長を力に」が自民党の筆頭スローガンとなり、選挙後の一一月の首相所信表明演説では「幸福度」云々は跡形もなく消えてしまった。

†学界や出版界では

学界や出版界、それに日常生活の面においても、ウェルビーイングは勇躍、表立ってきた。前野隆司を理事長として「ウェルビーイング学会」(Society of Well-being)が二〇二一年に設立され、継続的に学会誌が発行され、学術集会が開催されはじめた。[14] 同年、橋本努が福祉国家の将来的理念を問うなかで、「自生的なウェルビーイングの理論」を独自に展開したとすれば、他方、二〇二三年秋、日本財政学会が「ウェルビーイングと財政」を大会テーマとしたシンポジウムを開催し、翌年にはその成果を公表している。[15] その他、新しく「ウェルビーイング学部」を創設した大学もある。

ついでながら、ウェルビーイングの一環をなす「幸福」をめぐっては、すでに今世紀に入って以降、国内外において「幸福の経済学」なる研究分野が形成されつつある。[16] 情報通信技術の分野においても、たんに生産効率のためのコンピューター設計でなく、ウェルビーイングのためのテクノロジー開発が意識されるようになっている。[17]

またこのところ、「ウェルビーイング」の名を冠した書籍の出版も相ついでいる。とりあえずアトランダムに書名のみ数点あげれば、『ウェルビーイング』『ウェルビーイングな社会をつくる』『ウェルビーイング・マネジメント』『持続可能性とWell-Being』などである。[18] 経済学、経営学、心理学、社会学などにおける学術論文においても、「ウェルビー

図表 1-1　新聞紙上での「ウェルビーイング」登場回数の年次変化

新聞名＼年	2000	2010	2018	2019	2020	2021	2022	2023	2024	計
朝日	0	0	0	1	3	1	11	17	53	86
毎日	0	0	0	1	1	0	2	7	9	20
読売	0	0	0	0	1	4	13	14	26	58
日経	1	0	0	5	14	40	54	50	74	238
中日／東京	0	0	2	0	0	1	3	17	7	30
計	1	0	2	7	19	46	83	105	169	432

註：東京版朝刊に限定．ただし中日新聞は愛知版朝刊に限定．
出典：各紙新聞記事データベース（朝日新聞クロスサーチ，毎索，ヨミダス歴史館，日経テレコン21，中日新聞・東京新聞記事DB）より作成．最終閲覧日2025年1月6日．

イング」のタイトルにはごくふつうに出くわす。外国語文献も無数にある。「幸福」「福祉」などの訳語を冠したものも含めれば、もはや数えきれないほどになる。

日常生活においても、ビジネスもの、学校もの、人生論もの、ハウツーものなど、タイトルに「ウェルビーイング」の語を入れた本が続々と出版されている。[19] いや、それどころか、小学生向けのウェルビーイング読本まで出ている。[20] さらに実践活動の世界でも、ウェルビーイングの語を前面に出すか否かは別にして、NPO、NGO（非政府組織）などの諸組織が中心となって、草の根のウェルビーイング活動が展開している。その活動にかんする情報は、渡邊淳司、ドミニク・チェンらによって精力的に発信されている。[21]

という次第で「ウェルビーイング」の語や思考法は、まだなお十分とは言い切れないかもしれないが、それでもビジネス界、自治体行政、政府関係、マスコミ、学界、言論界、教育界、金融界、実践活動界などで、ずいぶん広範に浸透しはじめた。なかには、「ウェルビーイング」を目的として目指すというよりも、「成長」や「金儲け」のための手段として便乗してこれを利用するといった姿勢のものもあり、本書の立場からは必ずしも歓迎できない用例もある。そういった便乗や流用を含めて、たしかに「ウェルビーイング」は広く普及した。

以上を反映してのことであろう。「ウェルビーイング」の語が登場する新聞記事数は、図表1-1にみるとおり、二〇二〇年以降急上昇し、四年後の二〇二四年には九倍近くに達している。「ウェルビーイング」はここ数年で急開花した感がある。

†ウェルビーイングへの世界的動向

経済学における「ウェルビーイング」(あるいは「ウェルフェア」)にかかわる問いは、A・マーシャル、A・ピグーから旧・新厚生経済学を経てA・センに至るまで、長い議論の歴史をもつ。がしかし、以下では現代の政策的実践に強くかかわるかぎりで、ウェルビーイングへの世界的動向を見ることにする。

ウェルビーイングへの関心は、とりわけGDP指標に代わるべきものとしてのウェルビーイング指標への関心は、日本でなく諸外国や国際機関が先導している。ブータン国王による有名な「国民総幸福量」（GNH）の提案（一九七二年）は別としても、二〇世紀末以降、その名は「社会進歩」「人間開発」「生活の質」「国民的幸福」「ベターライフ」など多様であったが、ウェルビーイングにかんする新しい発想や指標の模索が相ついだ。二〇一〇年前後を境にして指標づくりは急速に広がり、その報告書の数もすでにかなりの数にのぼる。以下、ほんの一、二の例のみ一瞥してみよう（くわしくは第七章）。

第一に、国連開発計画（UNDP）による「人間開発指数」（HDI）。これは一九九〇年以降、毎年「人間開発報告書」として公表されている。[22] いわゆる低開発地域の開発援助を課題とするUNDPは、従来からの「経済開発」中心のそれがもつ弊害を認識し、「人間開発」に軸足を移した。「人間開発」の原語はhuman developmentであるから、それは「人間的発展」つまり事実上「ウェルビーイングの発展」を意味していよう。

くわしくは第七章で見ることにするが、そこでは経済開発がもつGDP成長至上主義は放棄される。代わってHDIでは、健康（長寿）、教育（知識）、一人当たりGDP（物質的基礎）の三要因に光が当てられ、それらが統合されて単一の数字に要約される。たしかにGDP要因も加えられているが、しかしそれはワンノブゼムであって、他の諸要因をも取りこんで人間的発展の指標が総合化されている点が特徴的である。

これを嚆矢《こうし》として二〇一〇年代以降、ゆたかさの新しい尺度を求めて各種の提案が相ついだ。第七章との重複を避けるため、ここではあと一点のみ紹介するにとどめる。それはJ・E・スティグリッツやA・センといったノーベル経済学賞受賞者らがまとめた「スティグリッツ報告書」（二〇一〇年）である。(23) その基本的主張はただちにOECDに受け継がれて、「ベターライフ・インデックス」（BLI）として具体化され実行に移されている。

そこではもはや、経済社会パフォーマンスを単一の数字に統合することは回避され、「生活の質」（quality of life：QOL）を構成する多様な側面を多様なままに、まるで操縦席の計器盤《ダッシュボード》のようなかたちで表示する。GDP要因を無視はしないが、明らかにすべきものは国内総生産でなく人びとの「ゆたかな生」（生活の質）だという信念のもと、生産よりも消費が、所得の平均値よりも分布度が重視され、また客観的条件のみならず主観的ウェルビーイング（幸福感）も考慮される。計測結果は日本では当初、「OECD幸福度白書」というタイトルのもと、逐次刊行されていた。

その中味の検討は後論にゆだねるとして、ここでは、このスティグリッツ報告書の成立経過について注目したい。この報告書は、元フランス大統領ニコラ・サルコジ（在任二〇〇七〜一二年）の熱意と要請のもとに日の目を見た。何かと批判の多い大統領ではあったが、このスティグリッツとセンを中核にして「ゆたかさ」再審にかんする特命委員会を組織したことは、サルコジの大きな功績といえる。報告書に「前文」を寄せた彼は、熱い思いをこう述べていた。適宜、抜粋する。

私には強い確信がある。それは、経済パフォーマンスを計測する手法を変えないかぎり、われわれの行動は変わらないだろう、という確信である。（…）統計と会計は、われわれの熱望を、すなわち、われわれがものごとに見出している価値観を反映している。統計と会計は、われわれの世界観、経済観、社会観と不可分であり、また、人類についてのわれわれの見方やわれわれの相互関係と切っても切り離せない。（…）

問題の原因は、われわれの世界も社会も経済も変わってしまったのに、計測の尺度がそれに追いついてこなかったことにある。（…）われわれは、富についての自分の表象を富そのものだと誤解し、現実《リアリティ》についての自分の表象を現実そのものだと誤解して、痛い目にあってきた。しかし最後にものをいうのは、つねに現実の方なのである。（…）

われわれが構築する文明なるものは、われわれがどういう会計計算を行うかによって決まる。その理由はごく単純なことであって、われわれが物事に与える価値は会計計算の仕方によって変わってしまうからである。(…)市場はわれわれに貴重な情報を提供してくれる。しかし、社会や文明の将来設計を市場のみを基礎にして構築するわけにはいかない。文明の将来設計は集団的意思から、長期にわたる集団的努力から生まれる。それは需要と供給の一瞬の交点の結果などではないのである。(24)

ここでサルコジは、まさに「ゆたかさをどう測るか」の問題提起をしている。「もっと働いてもっと稼ごう」という、いわば成長主義的モットーを掲げて当選したサルコジ大統領から、どうして右のことばが出てきたのか。その落差には戸惑いを禁じえないが、その点はさておこう。

右では、「ウェルビーイング」の語こそ使っていないが、GDPという富の尺度は時代的変化にもはや対応できておらず、新しい富の尺度が必要なのだと訴えている。統計や会計は世界観と不可分であり、計測の仕方を変えないかぎりわれわれの世界観も行動も変わらないであろうという。こうした変化は新しい文明とともにしかありえないが、将来社会では「市場」のみが特権化されるのではないと語る。新しい社会は「ゆたかさ」の新しい尺度とともにしか到来しない、そして、「どう測るか」は「どういう文明を築くか」の問題だ、と。

†そもそもウェルビーイングとは

Well-being という英語を直訳すれば、「良く（well）あること（being）」「良い状態」であり、これは当然ながら人間にかかわっての「良い」であるから、「よき生」「満足すべき生活状態」を意味することになる。その内容を個人に即してさらに具体的に示すとすれば、「健康」「幸福」「繁栄」「人間的尊厳」「自己実現」といった状態が想起される。これに社会的観点を加味すれば「高福祉」「人間的な絆や信頼」「社会的承認」といった含意も帯びることになる。フランス語の bien-être（良くあること）も原則的に同じことであろう。

本書で well-being を和訳する場合には「ゆたかな生」の語を採用したいと思っている。日本では「よき生」と訳される場合も多い。それを否定するつもりはないが、これではいま一歩、隔靴《かっか》掻痒《そうよう》の感があるので、well に「ゆたかな」の訳語を当ててみたい。また、

well-being は「幸福」と訳されるケースも多いが、「幸福」は happiness を想起させ、それは主観的感情に偏ったところで受けとめられかねない。たしかに主観的要因も well-being の重要な構成要因であり、この本でもそれを重視するつもりである。しかし、well-being は主観的要因のみならず客観的要因をも含む語なので、前後の文脈上「幸福」を使ったほうがよい場合を除いて、私自身のことばとしては「幸福」と訳すのはなるべく避ける。

本心をいえば、well-being に「厚生」の語を当てるのがいいのではないかとの思いもある。「厚生」の「厚」には「ゆたかな」という意味もあり、したがって「厚生」は元来「生をゆたかにすること」「ゆたかな生」の意をもつからである。しかし今日の日本では、「厚生労働省」といった用法からもわかるとおり、「厚生」は welfare の訳語として定着している。その welfare が主に含意するものは「保健衛生」「医療」「福祉」であるが、well-being の含意はそれに尽きない。ほかにも「教育」「文化」を含み、また「自然環境」「社会環境」や「社会的紐帯」をも視野に入れたうえでの「ゆたかさ」である。という次第で well-being の訳語として「厚生」を使うことは、ためらわざるをえない。(25)

しばしば指摘されているように、well-being の語が一般的に認知されるきっかけとなったのは、一九四八年に発効した世界保健機関（WHO）憲章における「健康の定義」である。そこでは「健康」がこう定義されていた。「健康とは、病気でないとか、弱っていないということではなく、肉体的にも、精神的にも、そして社会的にも、すべてが満たされた状態であることをいいます」[26]。ここに「満たされた状態」と訳されたものの原語がwell-beingである。

逆から読めば、well-beingとは肉体的・精神的・社会的に健康・健全であることだとも言える。狭い意味での「健康」とは別に、とりわけ福祉・教育・文化などは「精神的・社会的な健康」の中軸的な担い手をなす。経済学の側からあえて極論すれば、ウェルビーイングとは「社会的な健康」のことだとも言える。

第二章　GDPとは何であったか

†GDPと日本人

さきにウェルビーイングは花盛りといったが、これはいささか誇張を含んでいる。今日、いや、戦後から今日に至るまで、経済活動の実績はすぐれてGDP（gross domestic product：国内総生産）によって評価されてきた。花盛りというならGDPこそがそうであった。それにくらべれば、ウェルビーイングはせいぜい「菜の花盛り」といったところ。これに対してGDPは、まさに「桜花爛漫」を誇ってきた。新聞などの経済記事でトップニュースを飾るのは、今年（今期）のGDP成長率は対前年（対前年同期）比で何％上昇あるいは下落したかである。人びとはそれに一喜一憂してきた。ウェルビーイングに一喜一憂したわけではない。

ついでながら戦後当初は、GDPでなくGNP（gross national product：国民総生産）の語が多用されていた。だが、GDPの方が国内景気をいっそう正確に反映する経済指標だとされるようになり、一九九〇年代以降、次第にGDPの語が第一義的な地位を獲得するようになった。もっとも最近では、日本人の海外資産所得の増加にともなって、GNI（gross national income：国民総所得）が適当ではないかとの議論もある。しかし以下では、文

脈上の特別な場合を除いて、基本的にGDPの語を用いる。(1)

思い起こせば、GDPという魔術的な数字とともに、日本人は自尊と自虐の複雑な感情を経験してきた。焦土と貧困と自虐の淵に落ち込んでいた敗戦直後の日本で、やがて経済復興につづいて高度成長が始まり、それが佳境に入った一九六八年、日本は西ドイツを抜いて世界第二位のGNPを達成した。一九七〇～八〇年代を通じてその地位は盤石なものとなり、日本は「経済大国」を自負し、「ジャパン・アズ・ナンバーワン」と誉めそやされて自尊心をくすぐられ、自己満悦に酔いしれた。

しかしそれも束の間、一九九〇年代初頭のバブル崩壊とその後の政策的失敗から、日本は「失われた三〇年」とも呼ばれるデフレと準ゼロ成長に陥った。この間、二〇一〇年には名目GDP規模で中国に抜かれ、さらに二〇二三年にはドイツに抜かれて、「日本病」「衰退大国ニッポン」などの語とともにふたたび落胆と自虐の感情に打ちひしがれている今日である。一人当たりGDPでみても、二〇〇〇年には世界第二位であったが、円安の進行した二〇二三年には何と三四位に落ち込んでいる。この間、政府は「成長、成長……」と叫びつづけたが、目下のところその成果はあがっていない。

まことにGDPは日本人にとって、悲喜こもごもの情感をともなった魔法の数字でありつづけてきた。それどころか、その数字があたかも「葵《あおい》の御紋」となって「GDP病」「成長病」に囚われてしまった。成長至上主義が蔓延した。成長率や景気は国政選挙の結果を左右する。であればこそ、時の政権は以前にもまして「成長、成長……」と絶叫する(もっとも、この傾向は日本に限ったことではないが)。この本は、そのGDPをもっと突き放して位置づけようと意図しているが、それについてはこのあと立ち入るつもりである。

†GDPの功罪

一国の経済規模を見るにあたって、GDPは大変に便利な数字である。それは付加価値の総計を意味し、これを人口で割った「一人当たりGDP」(平均所得)はふつう「国民のゆたかさ」の指標として利用される(「国民の」というかぎり正しくは「一人当たりGNP」を問題にしなければならないが、本書では以下、両者をあえて区別しないでおく)。またこれを就業者数(ないし総労働時間)で割れば「労働生産性」が算出される。各国各時点のGDPやその成長率が単一の数字で示されるので、国際比較や一国経済の経時的変化の理解にとっても便利である。だからこそ「病的」なまでに普及したわけだ。

だがしかし、経済規模の表現としてのGDPには落とし穴がある。同じく「一人当たり

ＧＤＰ」を「国民のゆたかさ」の指標とすることの妥当性にも問題がある。第一にＧＤＰは、あくまでも市場化され商品化されたかぎりでの経済活動の集計値であって、商品とならない経済活動はこれに算入されないからである。第二に、そもそもどうやって付加価値を集計するかという大問題をかかえている。

第一の問題にかんしては、いわゆる家庭内での家事労働はその代表である。これはふつう無償労働だからＧＤＰを構成しない。夕食を家庭でとるかレストランでとるかでＧＤＰは変化することになる。同じく、親しい者どうしの物々交換やプレゼントもＧＤＰから除外される。食材を手に入れるという同じ経済行為にしても、これをスーパーなどで買えばＧＤＰに算入されるが、隣近所からのお裾分けならば算入されない。つまり経済の商品化が進んだ社会ほどＧＤＰは大きくなる。いわゆる伝統的共同体が残存している地域や国のＧＤＰは、実際の経済活動よりも過小な数字となって出てくることになる。

あるいは、これの裏返しであるが、例えばある原発企業が安全設備への投資を怠ってどんどんと電力を生産・販売したが、原発事故が起こって放射能汚染が広範囲に拡散したとき、汚染除去を手がける別の企業が乗り出して大いに稼ぐとしよう。この場合の付加価値は電力企業のそれと除染企業のそれとの合計となる。それは原発企業が安全設備に投資して事故を起こさなかった場合の付加価値よりも大きくなることもあろう。

つまり、ここに見たストーリーのかぎりでの話ではあるが、原発事故はGDPの成長に「貢献」することになる。原発事故は、あっぱれ、経済を成長させ国民をゆたかにする、ということになる。原発事故とまでいかなくても、高度成長期には「公害」問題が各地で頻発した。安全対策や環境対策を怠って、企業が生産や利潤の最大化に突進した結果である。それへの告発であろうか、高度成長終盤の日本では「くたばれGNP」が流行語となった。

また、人びとの間での大小の争いごとを自主的かつ協同的な話し合いによって解決するのでなく、ただちに裁判に持ち込む習慣のある国の場合、弁護士の出番は大きくなる。弁護士は一般に高額の報酬を受け取る。そのように係争の商品化が進んだところではそれだけGDPが大きくなる。アメリカなどは「訴訟社会」といわれるが、そこでは揉めごとは経済を成長させ平均所得を高めるというわけだ。

今日という時代、例えば臓器売買にみるように「商品化」が不道徳なまでに徹底的に浸透していると同時に、他方、福祉政策やボランティア活動にみられるように「脱商品化」が進展してもいる。そういった複雑に錯綜する経済活動のなかにあって、商品化というとに限定して経済活動を捉えるGDPがどこまで経済規模の正当な体現者たりうるか、考えなおしてみる必要がある。

第二の集計問題も厄介だ。商品化された経済活動のなかには、その集計から漏れてしまう営みがある。露天商、ハウスキーパー、家庭教師などはモノやサービスの提供の対価として報酬を得ており、その意味でまぎれもなく市場的経済活動をなしている。しかしこれらは「インフォーマル・セクター」とか「地下経済《アングラ》」と呼ばれるように、その実態把握がむずかしく、公式統計には反映されがたい。その規模は対GDP比でみて、アメリカで7%、イタリアで20%、ギリシャで25%、先進諸国の平均で15%をなすと推計されている。最貧諸国では40%前後になるとも言われる。(2) こうなると集計上の「漏れ」ではすまない。市場活動の半分近くがGDPには計上されえないケースがあるということになる。

これに加えて、GDPが有形の生産物のみでなく無形のサービスをもカウントしている点はいいのだが、実はそのサービス活動の付加価値とは何かを定義し測定することは、そう簡単ではない。通例の商業なら付加価値は、売上（産出）マイナス中間投入（仕入原価や広告宣伝費など）として、算定できるかもしれない。しかし、医療や教育などのサービスは公的部門が担当しているケースも多く、その場合、付加価値とは何なのか。加えて、ますます複雑化し日進月歩のいちじるしい金融取引やデジタル産業について、何をもって付加価値とするのか。測定以前に定義の問題もからんで、産業構造や企業業態の不断の変化を前にして、各国の統計専門家の頭を悩ましているところである。

†フローの富、ストックの富

これまで「ゆたかさ」とか「ＧＤＰ」の語を使ってきたが、ここで「富」（wealth／richesse）ということばを持ち込んでみよう。「富」は「ゆたかさ」に通じる語であるが、少なくともこれまでは、主に物的なゆたかさを含意していた。

その「富」に明確な経済学的定義があるわけではない。以下では富をいくつかに分類しておこう。富は第一に、毎年毎年新たに産み出されるものと、過去に産み出され蓄積されたものや自然から与えられたものとに分類できる。前者は「フロー」の富であり、ＧＤＰ（国民所得に近い）はこれに当たる。後者は過去の人間労働や自然活動の所産が貯蔵《ストック》されたものであって、文字どおり「ストック」としての富である。自然資源を別とすれば、一般にフローの一部が蓄積されてストックとなり、そのストックが運用されて新たなフローを生む。

このようにストックが私有化され商品化されて売買・貸借・投資の対象となれば、それは「資産」(assets)として運用されたことになる。代表的には、不動産(土地・建物)や金融資産(株式《ストック》・債券など)が想起されよう。

つまり富はフロー(所得=GDP)とストック(資産)からなる。近年における経済の金融化とそれゆえの貧富格差の拡大とともに、あるいは自然環境の悪化とともに、金融資産や自然資産など、ストックとしての富への注目が高まってきた。(3) しかしこれまでの経済学が伝統的に分析の中心においてきたのは、フローとしての富であった。

GDPはフロー分析の核心的概念として、マクロ経済学の展開に役立ってきた。だがしかし、それはストックとしての富を問題としないことが多く、それによって一国規模においてであれ世界規模においてであれ、現在の経済社会のあり方の「持続可能性」(sustainability)を無視してしまう。いちばんわかりやすい例としては、自然資産(大気の質や温度、生物多様性、生物資源、鉱物資源など)が将来的に維持ないし改善されうるかどうかは、GDPでは問われないということである。同じく社会的インフラストラクチャー(道路、港湾、橋梁など)に代表される人工資産や――あえて「資産」という語をつかえば――人間資産(労働力人口、知的能力、技能、健康度など)の持続可能性も、GDPの視野には入ってこない。

†「富」概念の歴史的変遷

富は第二に、物質的富と非物質的富に分けることもできる。経済学の歴史を振りかえれば、「富とは何か」への答えは時代とともに大きく変遷してきたが、さきのフローとストックの区別とならんで、物質的か非物質的かも経済学的思考のなかで大きく揺れ動いてきた。

すなわち、古く重商主義時代といわれる一七世紀、Th・マンは『外国貿易によるイングランドの財宝』を著して、[4] 一国の富とは金銀にあり、そのために金銀鉱山のないイングランドが取るべき道は、多く輸出して少なく輸入し、もって金銀を蓄積することだと説いた。貿易差額説である。富とは金銀という物質――ただし特殊な性質を具えたモノ――のことであり、その富の源泉は貿易（流通）にある。現代風にいえば富国とは毎年の黒字大国（マン的には金銀フローの入超）のことであり、また外貨準備（金銀ストック）を大量に蓄積している国だというわけである。

こういった富概念を真っ向からひっくり返したのがアダム・スミスである。金銀などという煮ても焼いても食えないものが、どうして富たりえようか。主著『国富論』すなわち

『国民の富の性質と原因に関する研究』（一七七六年）は、徹頭徹尾、重商主義批判の書である。スミスはこう書きはじめる。「国民の年々の労働は、まず第一に、国民が年々消費する生活必需品と便宜品のすべてを供給する基金《ファンド》であって、この生活必需品と便宜品は、つねに国民による労働の直接の生産物と、それと引き替えに他国から購入するものとで構成されている⑸」。

スミスによれば、金銀ではなく、「国民が年々消費する生活必需品と便宜品」こそが「国民の富」なのである。富とはいわば庶民の日用品のことであり、それは貿易云々の前に「国民の年々の労働」によって産み出されるものだ。「富の性質《ネイチャー》」は日用品とそれを産み出す労働にある。「国民の富《ゆたかさ》」とは、その日用品が全員に潤沢に行きわたることにある。そして、そのような「富の原因《コーズ》」は何よりも「分業」——分業による生産力の上昇——が進展することにある。こうして『国富論』本論は分業論から始まることになる。

金銀から日用的な物財へ、流通（貿易）から生産（労働）へ、そして金銀のストック量から「年々の」労働や消費というフロー量へと、富をみる見方を大転換させたのが、スミスである⑹。そして経済学はここに本格的な成立をみることになった⑺。以後、D・リカード、J・S・ミルといった古典派経済学者においても、さらにはK・マルクスにおいても、この物質的な富概念は引き継がれてゆく。

一八六七年、マルクスは『資本論』第一巻を公刊した。一九世紀中葉、イギリス資本主義が機械制大工業による巨大な生産力を足場にして、国内農村はもちろん、世界の「後進」地帯を破壊的に市場化していくさなかにあって執筆されたこの書は、これまた印象的な文章で始まる。「資本主義的生産様式が支配的に行われている社会の富は、一つの「巨大な商品の集まり」として現れ、一つ一つの商品は、その基本形態として現れる。それゆえ、われわれの研究は商品の分析から始まる(8)」、と。

『資本論』が分析対象とするのは、やはり「富」であり、しかも資本主義という特殊な社会における富のあり方である。そこでは富は「商品」という特殊な姿をまとって現れる。だからまずは、この「商品」なるものの分析から始める。それがマルクスの見方であった。

その「富」をみるマルクスの基本的な視角は、せっかく資本主義では歴史上かつてないほど膨大な富(商品)が生産されているのに、なぜそれが貧富格差や階級支配を生み出す形でしか実現しえないのか、にある。これはちょうどスミスの見方の裏返しであって、スミスにあってはこうだ。つまり、資本主義では貧富格差や階級支配はたしかにあるのだが、それにもかかわらず、いちばん貧しい人でも「未開」社会でいちばん裕福な者よりもゆたかな富を享受できている。それはなぜなのか。こう問うたスミスは、それは資本主義では分業が発達しているからだとして、分業に注目した。スミスとマルクスの間には約百年の時代差があるとはいえ、しかし、両者は資本主義のうちに同じ二つの事実（生産力・富裕と格差・支配）を見ていた。ただし、問題の立て方は一八〇度ひっくり返ってしまう。(9) 富裕の原因を探るスミスと、貧困を問いただすマルクスと、である。

それを確認しておいたうえで、いまの文脈で銘記しておくべきは、ここにマルクスが「商品」というとき、それはすぐ後に「リンネル」と「上着」が例示されるとおり、すぐれて物財的商品であったということである。この点は、富を「生活必需品と便宜品」という物財を中心に考察したスミスと同じである。スミスにあってもマルクスにあっても、富は何よりも物質的富としてイメージされており、商業・貿易・家事使用人をはじめとする各種サービス活動は、付加価値ないし剰余価値を産まない「不生産的労働」として、富分析においては脇役の位置におかれたのである。

†国民経済計算とGDP

ところで、マルクス『資本論』第一巻の直後、一八七〇年代に登場した限界革命の論者たちにあっては、富は物質的富に限定されるものではなくなった。L・ワルラスであれ、W・S・ジェヴォンズであれ、C・メンガーであれ、彼らにとって富とは「物財」そのものではなく、それらがもたらす「効用」(utility)であった。効用という主観的満足をもたらすかぎり、物質的か非物質的かの区別は無意味となる。非物質的なサービス活動も立派に効用をもたらしうるのであり、つまりは富の生産者と考えられることになった。

その後、新古典派の祖といわれるA・マーシャルは、「富＝財」を物質的なものと非物質的なもの(サービスなど)へと二分したうえで、そのどちらであっても、人間が生産し消費するのは財そのものでなく、その効用なのだとの説を継承した。[10] つまり「効用」の視点を取り入れつつ、「富」を物財およびサービスの総体として捉え、これをもって経済学の対象だとした。[11]

こうして経済学のなかでは、富は生産された財・サービスの総体として理解されるようになってきた。他方、これとは別に、資本主義が一九三〇年代恐慌から第二次世界大戦へと突入していく時代を迎えるとともに、各国政府は、大恐慌によってどれだけの国民所得が失われたか、また、戦争遂行のためにどれだけの国民経済的余力があり、仮にそれが不十分ならば政府はどれだけ支出をして経済を刺激すべきかを知る必要に迫られるようになった。「国力」「経済力」を知るべく「国民経済計算」への関心が高まってきた。一国の富を統計的に確認しようという要請である。

ここに、財とサービスからなる富という概念を前提としつつ、国民経済計算体系を構築しようという動きが本格的に始まった。国民経済計算は、経済学の流れのなかからストレートに生まれたというよりも、決定的には大恐慌や世界大戦という時代状況の産物であったのではあるが、そのなかで、今日的なGDP概念も次第に形成されていった。スミスのいう「国民の富」はGDPないしGNPという操作可能《オペレーショナル》な概念へと練り上げられていった。

アメリカで最初のGNP統計は戦時中の一九四二年に発表された。戦後になって一九五三年、国連は初の国民経済計算体系を報告した。[12] GNP統計の開発における最大の功労者はS・クズネッツであったが、公表されたそれは国民の福祉を重視するクズネッツの意図からはかけ離れたものとなった。つまり、福祉でなく成長を最重要視する観点が前面に押し出されたものとなったが、それは今日のGDP統計にも引き継がれている。それはまた、ケインズ由来のマクロ経済学とセットとなって、戦後の経済政策運営に絶大なる影響を及ぼすことになった。

以上のように、GDPの概念や計算は富の概念や範囲の確定と不可分の仕事であった。

図表 2-1　中高所得国における部門別雇用割合

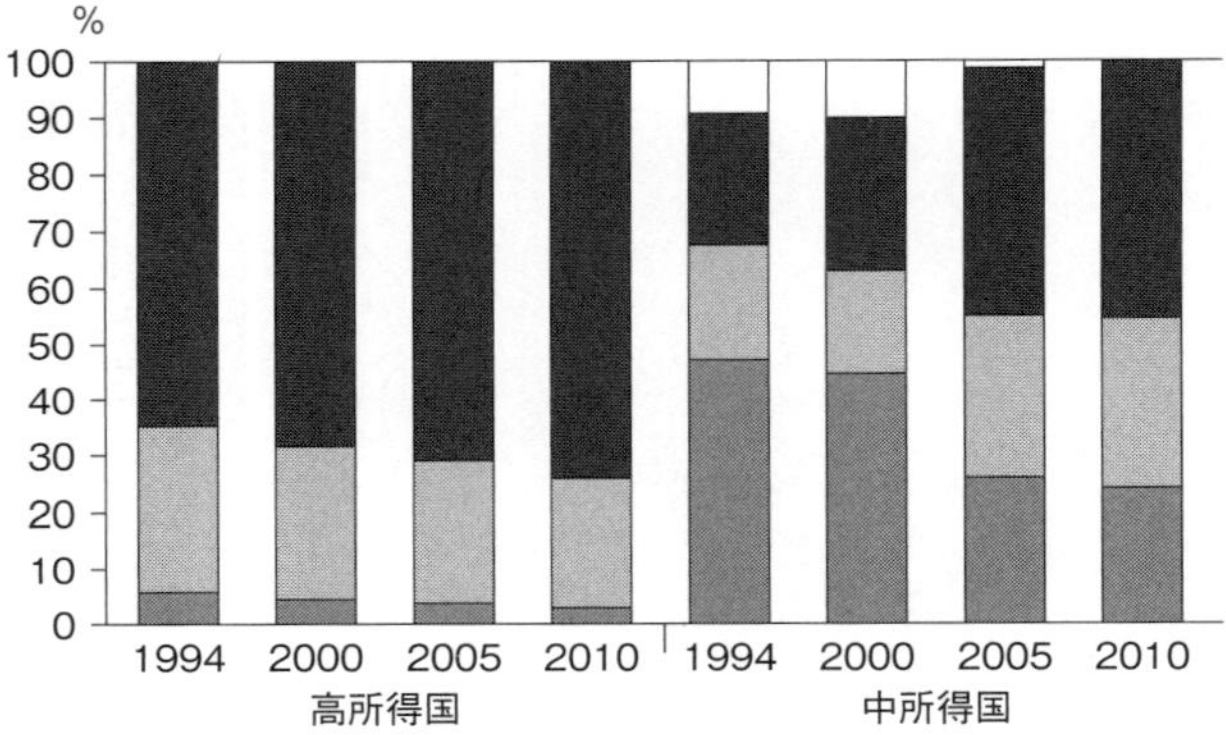

註：各棒グラフ内の区分は下から順に，農業，工業，サービス業．中所得国にみられる最上段（第４の区分）はその他産業．
出典：World Bank WDI.

とりわけサービス概念を取り入れてＧＤＰが構想されたことは、脱工業化やサービス化が叫ばれてすでに久しい今日、経済活動や富の実相の解明にとって不可欠なことであろう。事実、例えば二〇二一年の日本では、サービス部門はＧＤＰおよび就業者数の七割を占める。[13] 他の高所得国についても同じような数字が報告されており、しかもその比率は年々増加している（図表２－１）。

しかし実をいうと、そのサービスの付加価値を測るということは、先述のように大きな困難にぶつかる。商業について一瞥するだけでも、販売数量だけでなく、販売にともなうサービスの品質をどう考慮し計測するか。その扱い方はむずかしい。例えば、同じ商品を買うにしても、スティグリッツらによれば、「商店への行きやすさ、店員の一般的なサービスの水準、商品の選択幅と説明」のいかんは、商店ごとに異なりうるのであり、つまりはサービスの品質にかかわっているが、(14)これらはそう簡単には数字化できない。

有形物の販売サービスについてすらこのような状態であるから、これが教育や医療などの無形のサービスになると、たんにそれぞれの産出高を(したがって付加価値を)何によってどう計測するかの問題だけでなく、それぞれのサービスの品質の差をどう計測するかの問題が加わり、計測はさらに困難をきわめる。ゆたかさをどう測るか。GDP計算のレベルでも正解はむずかしい。

サービス活動を組み入れることによって初めて現代的な国民経済計算体系が出来あがったのであるが、皮肉にも、そのサービス活動(とりわけ金融活動)が拡大深化するなかで、その計測面においてGDPは困難と困惑に陥っているのが現状である。GDPは製造業中心時代の産物だとの評言もあるが、それもあながち当たっていないわけではない。かといって、GDPの七割はサービス活動だと言われる今日、これを抜きにGDPは語れない。GDPにとってサービス活動は生みの親でもあり、厄介息子でもあるのだろうか。

†一人当たりGDP

以上、GDPの功罪について見てきたが、本書の主題からすれば「一人当たりGDP」に焦点が当てられなければならない。それは「国民のゆたかさ」を知るための簡便かつ代表的な指標とされてきたからである。GDPの問題点はそのまま一人当たりGDPの問題点にもつながるが、後者はまた「国民のゆたかさ」の指標たりうるには固有の難点をもっている。

つまり一人当たりGDPは、GDPを人口で除した数字だから、その国の「平均所得」を示すものである。しかし、多数の貧者と少数の富者からなる国の一人当たりGDPが、比較的平等な所得分布を示す国のそれと同値になることだってありうる。極度に単純化して、例えば、ともに五世帯（厳密には五人）からなるA、B二国を想定してみる。その所得構成はそれぞれ以下のとおりとする。

A国　1万、2万、2万、2万、3万ドル（合計10万ドル）
B国　1万、1万、1万、1万、6万ドル（合計10万ドル）

両国の一人当たりGDPはともに2万ドルであり、つまり平均所得は相互に等しい。

このときA国では、平均所得と中位所得は等しい（ともに2万ドル）。他方、B国の場合、平均所得（2万ドル）は中位所得（1万ドル）から乖離する。平均所得（一人当たりGDP）は必ずしも中央値《メディアン》たる中位所得と同じではない。中位所得は五世帯中の中間（つまり三番目）に位置する世帯の所得であり、それはその社会における標準的・典型的な世帯の所得を示す数字である。B国では、平均は典型を示さない。つまり一人当たりGDPは、所得分布の状態（不平等度）を示すわけではなく、「国民のゆたかさ」について多くの人びとに標準的に起こっている事態を反映するものではない。

大多数の国民の所得はそのままであっても、数名の大富豪がさらに所得を伸ばしたならば、「国民のゆたかさ」（平均所得）は増大するという、めでたい（？）結果を見ることになる。(15) 貧富格差が異常に拡大しているといわれる今日、平均所得は増大しているが中位所得は低下している。中間層が沈下し没落しているのである。この問題は看過できない。

さらに少々先走って一言すれば、一人当たりGDPという「ゆたかさ」指標は人びとのウェルビーイングの真実に迫りえているのか。サービスを含むとはいえ、貨幣計算された活動に限定されたこの「ゆたかさ」指標は、所詮は功利主義的な「効用」をもって「ゆたかさ」だとするに終わっていて、それ以外の――むしろもっと根本的な――ゆたかさを包含していないのではないか。人間の潜在能力の開花、広く深い相互扶助の絆、そして生活の質の向上といった――「効用」に尽きない――ゆたかさのことである。そしてこれこそ、今日、真正面から取り上げられるべきゆたかさではなかろうか。そういった現代的課題を前にしたとき、「一人当たりＧＤＰ」という「富《ゆたかさ》」概念は、はたしてどこまでこれに応えうるものなのであろうか。この概念と「ウェルビーイング」（ゆたかな生）との距離は遠いと言わざるをえない。(16)

第三章 「ゆたかな富」は「ゆたかな生」を意味するか

†資本主義の黄金時代とその後

第二次世界大戦後から一九七三年の石油ショックまでの三〇年弱、主要なOECD諸国すなわち中核的な資本主義諸国は、空前絶後の高度成長を経験した。前章でみたように問題のある概念ではあるものの、GDPで測った「経済規模」や、一人当たりGDPで測った「国民のゆたかさ」は大きく向上した。労働生産性も上昇をつづけた。それが、これまでの資本主義とくらべて、また一九七三年以後の資本主義とくらべて、いかに高い成長の時代であったかは、図表3-1から読みとることができよう。

図表において、いわゆる高度成長の一九五〇〜七三年期を他の諸時期と比較されたい。この時期、実質GDP（経済規模）の年平均成長率は4・9%、一人当たりGDP（いわゆる国民のゆたかさ）の伸びは年率3・8%、そして労働生産性の上昇は年率4・5%を記録している（表中の太字を参照）。いずれも他の時期とくらべて格段に高い。それが約三〇年間（この表では二三年間）つづいたわけである。[(1)] こうした量的大変化は、経済社会を質的に大きく転換させた。

およそ三〇年にわたるこの持続的成長によって、これら諸国は飢餓や赤貧に苦しむ絶対

図表 3-1　主要 OECD 諸国の時期別成長（年平均実質成長率：%）

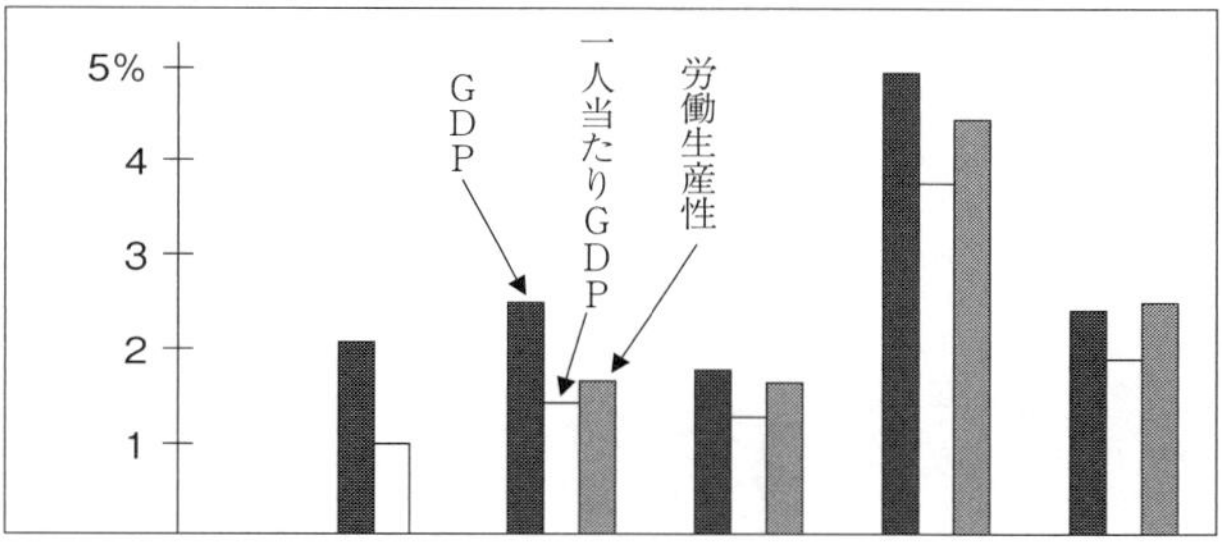

	1820-70	1870-13	1913-50	1950-73	1973-79
GDP	2.2	2.5	1.9	**4.9**	2.5
人口	—	—	0.7	1.0	0.4
1人当たりGDP	1.0	1.4	1.2	**3.8**	2.0
総労働時間	—	0.9	0.1	0.3	−0.1
労働生産性	—	1.6	1.8	**4.5**	2.7

註：数字は OECD 主要 16 カ国算術平均，主要 16 カ国とは，英独仏伊蘭墺白とデンマーク・フィンランド・ノルウェー・スウェーデン・スイス（以上欧州），米加（北米），豪（豪州），日本（アジア）．労働生産性＝1 人 1 労働時間当たり GDP.

出典：A. Maddison, *Phases of Capitalist Development*, Oxford UP, 1982 をもとに作成．

的貧困からほぼ脱出しえたといってよい。貧富格差はあるものの、以前にくらべれば格差の幅もある程度縮小し、人びとは「ゆたかな富」を享受することになった。世にそれは「資本主義の黄金時代」とも「栄光の三〇年」とも呼ばれる。

国民経済や国民生活の姿も一変した。この時代、成長を牽引したのは工業化であり、とりわけ重化学工業化であった。農村や貧困国の過剰人口は工業国の都市に労働力として吸収され、人口の都市集中が加速し、その都市ではスラム街が形成される一方、それを横目に新しい生活スタイルが定着し、新しい中間層が形成されていった。家庭は核家族化して世帯数が増加し、その分、住宅（集合住宅・戸建て）、家庭電化製品、自動車など、耐久消費財への需要がいっそう高まった。

供給面では、流れ作業方式など、折からの技術革新や組織革新によって、また安価な輸入原材料や燃料によって、労働生産性が上昇し、その生産性の上昇に応じて賃金も上昇するようになった。つまり「生産性→賃金→需要（＝成長）→生産性」の好循環回路が生まれた。図表３－１の数字を当てはめれば、「生産性上昇（年率４・５％）→平均所得上昇（３・８％）→ＧＤＰ成長（４・９％）→生産性上昇（４・５％）」という累積的な因果関係が形成された。それはしばしば「フォーディズム」の成長体制と呼ばれる。(2)

賃金所得の上昇によって労働者の購買力は高まり、それは各種の耐久消費財の需要へと向かった。「ゆたかな富《モノ》」が街にあふれかえり、それは家庭内に次々と吸収されていった。資本主義社会の富は以前にもまして「巨大な商品の集まり」として登場し、ここに大量生産‐大量消費の時代が開幕した。要するに「ゆたかな富」「ゆたかな社会」が到来したのである。比喩的にいえば、それは「モノによるモノの生産」の時代であった。

先走って付言すれば、やがてその「黄金時代」が行き詰まり、一九七〇年代には「スタグフレーション」と呼ばれる、不況とインフレが同時共存する時代を迎えた。フォーディズム的成長は機能不全に陥り、これをリードしてきたアメリカはその経済的地位を低下させた。代わって一九八〇年代には、多品種・高品質生産をバックにした輸出攻勢によって不況を乗り越えようとする日本やドイツが台頭してきた。とりわけ日本の一九八〇年代は、特にその後半は、成長率こそ以前ほどでなかったものの、モノやカネ、それにサービス一般を加えてもよいが、とにかくそういう形の「ゆたかな富」が絶頂に達した時代であった。「過剰富裕社会」とさえ言われた。やがて一九九〇年代初頭にはそれが大崩落を迎えるとも知らず、日本はバブル景気に酔いしれた。

そのなかで他方のアメリカやイギリスは、新自由主義的な思想と政策へと方向転換していった。それは同時に、フォーディズム的工業に代わる金融権力の台頭をもたらし、特にアメリカは、ドル高を背景に世界からドルを引き寄せ、それをデリバティブ商品など新しい金融技術を駆使してふたたび世界に売りまくった。自ら金融自由化を率先したばかりでなく、それを世界各国に押しつけた。折からの情報通信技術（ICT）革命や旧社会主義の市場経済への移行も味方して、アメリカは金融立国として強力に復活し、「金融主導型」の成長体制へと自己転変をとげた。こうした「カネによるカネの生産」のシステムは、二〇〇八年のリーマンショックとそれによる世界経済危機によって手ひどい打撃をこうむったが、それでもアメリカは依然としてヘゲモニー国としての地位は保っている。

この間、当然ながら福祉は削減され貧富格差は再拡大した。そして重要な点は、図表3－1からも垣間みえるとおり、経済成長は「黄金時代」にくらべて大きく落ち込んだが、それにもかかわらず、いや、それだからこそ、GDP成長はなおのこと、「ゆたかな社会」――というよりも「ゆたかな金融収益」――のために追求すべき最大の目標とされつづけてきたことである。

†依存効果

「黄金時代」に戻ろう。アメリカ資本主義の最盛期ともいえる一九五八年、制度学派の経済学者J・K・ガルブレイスはその名も『ゆたかな社会』という名著を出版した。(3) 世界大戦終了直後、社会を覆《おお》っていた資本主義の「成熟と停滞」という観念は、その後のアメリカ的繁栄のなかでいつしか過去のものとなり、時のアメリカでは経済成長はすでに「通念」と化していた。同じころ、アメリカは世界の先頭をきって「高度大衆消費時代」を享受しているのだという、W・W・ロストウの経済成長段階論がもてはやされていた。(4) そういった成長の宴のまっただなか、ガルブレイスはいち早く通念に挑戦する。「成長」や「ゆたかさ」への重大な懸念を表明する。成長はある種の「有害な傾向」を生み出している、と。

資本主義の、あるいはさらに広くとれば人類史の、古来の病弊はいくつかあるが、決定的には飢餓や貧困であった。戦後中核諸国の高度成長はそれをある程度解決し、ゆたかな富の社会を出現させた。「高度大衆消費時代」の到来である。だが、そういった解決策そのものが実は新しい難題を、つまり新しい病を生み出してしまった、とガルブレイスは批判する。名づけて「依存効果」。その要約的主張を聞いてみよう。

社会がゆたかになるにつれて、欲望を満足させる過程が同時に欲望をつくり出していく程度が次第に大きくなる。これが受動的におこなわれることもある。すなわち、生産の増大に対応する消費の増大は、示唆や見栄を通じて欲望をつくり出すように作用する。高い水準が達成されるとともに期待も大きくなる。あるいはまた、生産者が積極的に、宣伝や販売術によって欲望をつくり出そうとすることもある。このようにして欲望は生産に依存するようになる。(…)欲望は欲望を満足させる過程に依存するということについて今後もふれる機会があると思うので、それを依存効果(dependence effect)と呼ぶのが便利であろう。[5]

戦後の大企業体制のもとでは、生産者は消費欲望を満足させるだけでなく、新たな消費欲望そのものを生産している。生産者は消費財をつくって消費者の欲望を充足するだけでなく、それをさらに刺激し増長させている。逆に消費者個人の欲望は、個人自身から生まれるのでなく、企業によって人為的につくられる。個人はつねに新たな消費を追い求めつづけることになる。そのとき、消費者側の世間体や見栄だけでなく、企業側による広告・宣伝や販促活動の役割も大きい。要するに、「欲望を満足させる過程が同時に欲望をつくり出していく」のであり、「欲望は欲望を満足させる過程に依存する」のだという。

このように「依存効果」によって、欲望は自己増殖していく。それが「ゆたかな社会」の現実だと、ガルブレイスはいう。あたかも回転する踏み車《トレッドミル》のなかで走りつづけるハツカネズミのように、消費者は欲望の無限増殖の罠に陥り、購買と消費に駆り立てられていく。その結果、欲望が充足されればされるほど不満足感に襲われる。物的にゆたかになればなるほど、ゆたかさを感じなくなる。こうして「ゆたかな社会」では、物質的貧困に代わって精神的な飢餓が定着することになった。(6) GDP成長による「ゆたかな社会」とは、このような「有害な傾向」を有しており、新たな持病をかかえこんだのである。

ガルブレイスのこの依存効果論は、同時に、新古典派経済学の「消費者主権」論への批判でもある。消費者が何をどれだけ買うかは消費者の自由意思によるのだから、消費者こそが企業の生産体制を決定するのであり、したがって経済活動の主権者は企業でなく消費者だ、というのが消費者主権論である。独立・自由な消費者の欲望がまずあって、企業がそれに従属して生産するにすぎない、というわけである。ガルブレイスの依存効果論はまさにこれに異論を唱え、消費者の欲望を決定するのはむしろ生産者なのであって、生産者主権論を押し出すものでもあった。それは、ミクロ経済学の完全競争的世界像に反して、少数の寡占的大企業が経済を支配するようになった二〇世紀中葉世界の現実を反映するものでもあった。

このようにガルブレイスは、早くも二〇世紀半ばの時点で「ゆたかな社会」のもつ病理を舌鋒するどくえぐり出していた。モノの豊富はココロの貧困を生み出し、物財のゆたかさは精神のまずしさとセットをなしているのだ、と。(7)

†豊富のなかの貧困

依存効果論によれば、欲望の充足が新たな欲望を生むのだが、その充足に実際に突き進みうるのは、実は社会の中上流階級に限定される。それ以下の大多数の人びとは、新たな欲望が生み出されてもそれを実現する購買力を十分にもたないことが多い。この場合、新たに生み出された欲望は空回りして渇望となるか、絶望してあきらめるしかなかろう。それでも、ガルブレイスのいう精神的飢餓は消えない。加えて、モノのゆたかさは、自然環境の破壊(公害、地球温暖化、資源枯渇)、社会的紐帯の崩壊、そして人間的精神の貧困をもたらしてしまった。つまりは人間のココロのみでなく自然のメグミまでをも貧しくしてしまった。付け加えれば、第三世界を犠牲にした「ゆたかさ」でもあった。

しばしば「豊富のなかの貧困」と呼ばれるこの事態については、すでに多くの指摘があるところだ。そのなかから、日本における二つの例を紹介しておこう。偶然の一致か、きわめて象徴的なことに、その二著はバブル景気の絶頂期たる一九八九年に出版されている。つまり、日本がモノ・カネの豊富という意味での「ゆたかな富」の頂点に立った時点で、「ゆたかさ」のあり方を問いなおしているのである。題して『「豊かな社会」の貧しさ』、そして『豊かさとは何か』。

まずは宇沢弘文『「豊かな社会」の貧しさ』から。[8] 宇沢は水俣病をはじめとする公害問題や自動車社会のもつ問題点への関心から出発して、そこからさらに、たんに自然環境のみならず、社会的インフラストラクチャーや教育・医療などの諸制度の問題へと切り込んでいき、これらを「社会的共通資本」と名づけた。そして、モノが豊富にあふれかえるなか、しかし社会的共通資本がきわめて貧しい現実を前にして、この社会的共通資本は市場や国家によってでなく、関係する職業的専門家によって管理されねばならないという主張へと行きつく（後の第五章参照）。

この本の宇沢は、バブル絶頂期の日本において、公害、国土乱開発、自動車、土地投機、税制、大学、医療、農業などの具体的諸問題を取りあげつつ、「ゆたかさ」について以下のように反省する。

日本が「ゆたか」になったということは、統計的データ、経済的指標をみるかぎり、否定できないことのように思われる。一人当たりの実質国民総生産あるいは国民所得というようなマクロ経済指標をとってみても、また多くの基幹的ないしは先端的産業における生産力、技術水準というようなミクロ経済的条件についてみても、日本経済が世界でもっともすぐれたパフォーマンスを示しているということは明白である。また、人々の消費生活についても、都市の物理的外観をみても、また金融的資産の保有数をみても、日本が「ゆたかな」国であるということは、一見して明らかであるように思われる。しかし、ひとたびこのような統計的データ、経済的指標をはなれて、人々の生活の実質的、文化的、人間的側面に目を向けるとき、日本は決して「ゆたか」な国であるということはできないように思われる。日本経済を特徴づけるものは、この、経済的パフォーマンスの卓越さと、人間的、文化的な貧困さとの対照、乖離であるといっても、いいすぎではないような条件が存在する。[9]

GDPに示される「ゆたかな富」と裏腹に、人びとの「生活」や「文化」の貧困を憂い、現状をきびしく告発していた宇沢の姿がここにある。「人間的、文化的」な面を無視して「経済的パフォーマンス」だけで「ゆたかさ」を語ってよいのだろうか。「経済的パフォーマンスの卓越さ」と「人間的、文化的な貧困さ」との乖離！　それは「ゆたかな富」と「ゆたかな生」との乖離とも言いかえられよう。

もう一冊、暉峻淑子《てるおかいつこ》『豊かさとは何か』も一九八九年の出版である。[10] バブルの絶頂期、モノとカネにあふれ、日米逆転がまことしやかに語られ、日本はいわば「ゆたかさ」の極みを謳歌していた時代に、本書はモノやカネの豊富は本当のゆたかさなのか、と問う。そして暉峻は、福祉、教育、住宅、環境、景観、自由時間、公共性など、人びとがその生涯を安心してゆったりと過ごせるための社会的生活基盤の貧しさを突いた。ゆたかさはカネやモノにあるのか、それとも生活基盤や助け合いの充実にあるのか。

ここでも、「ゆたかな富」と「ゆたかな生」の乖離が告発されている。のちの暉峻は、二〇〇三年に『豊かさの条件』を出版している。[11] 二〇二〇年代の今日から振りかえれば、一九八〇年代の「金満」ニッポンは土地や株式の投機的取引に狂奔《きょうほん》し、挙句のはてニューヨークの不動産を買い漁った。そしてやがてそのバブルがはじけて始まった長期停滞は、デフレ、雇用喪失、賃金低下、不安定低賃金労働、消費切り詰め、貧富格差拡大が連鎖する「失われた三〇年」となった。

要するに多くの日本人は、モノ・カネに還元できない「ゆたかな生《ウェルビーイング》」の面での貧しさが存続したまま、同時にモノ・カネ的な意味でも貧しさに陥ってしまった。(12)「ゆたかな富」の日本は「まずしい富」の日本に一変してしまったのである。かつての「金満」をバブル的投機に走ることなく、生活基盤や福祉や教育を充実するために投資していたならば、今日の日本の風景もずいぶんとちがったものになったことであろう。「ゆたかな富」の日本は「ゆたかな生」を志向しなかったがゆえに、「まずしい富」にして「まずしい生」の日本に転落してしまった。前章でもふれたが、二〇二三年の日本の一人当たりGDPは世界のなかで第三四位へと落ちている。

†イースターリン・パラドクス

成長は生をゆたかにするか。一人当たりGDPの上昇はウェルビーイングの向上をもたらすか。所得の上昇は幸福（主観的ウェルビーイング）を高めるか。

くりかえすが、経済学は貧困と闘うべく、富《ゆたかさ》の増加（と分配）を中心課題として展開され、GDPという概念を得ることによって、経済成長をして経済運営の最重要課題へと押し上げた。パイの分け方（分配）を変えるよりも、まずは分配されるべきパイそのものを大きくしようというわけだ。そのパイの増大（つまり成長）の先には本来、人びとの「ゆたかな生」「幸福」が暗黙裡に想定されていたはずだ。だがしかし、すでにガルブレイスや宇沢、暉峻の議論からも伝わってくるように、成長と幸福とは、あるいは「ゆたかな富」と「ゆたかな生」とは、必ずしも合致しない。そんな予感が漂いはじめてきた。いや、現実となりはじめていた。

この問題を実証分析によって古典的に指摘したのが、R・A・イースターリンの一九七四年の仕事である。[13]それは、ウェルビーイング一般でなく、主観的ウェルビーイング（幸福感）に限定した議論ではあったが、ともかくも、その「幸福度」と「一人当たりGNP」との間には相関関係があるのかどうかを解明しようとする試みであった。彼によれば、国内的には所得と幸福度とはある程度相関するが、国際比較をした場合、両者の相関は見られない。つまり高所得国だからといってそれだけ幸福になりはしない。当面の関心事にしぼって、その議論をフォローしてみよう。

調査対象国はいわゆる先進・後進一四カ国であり、調査時期は各国ごと異なって一九六

図表3-2　個人的幸福度と1人当たり実質 GNP の関係（1960年頃）

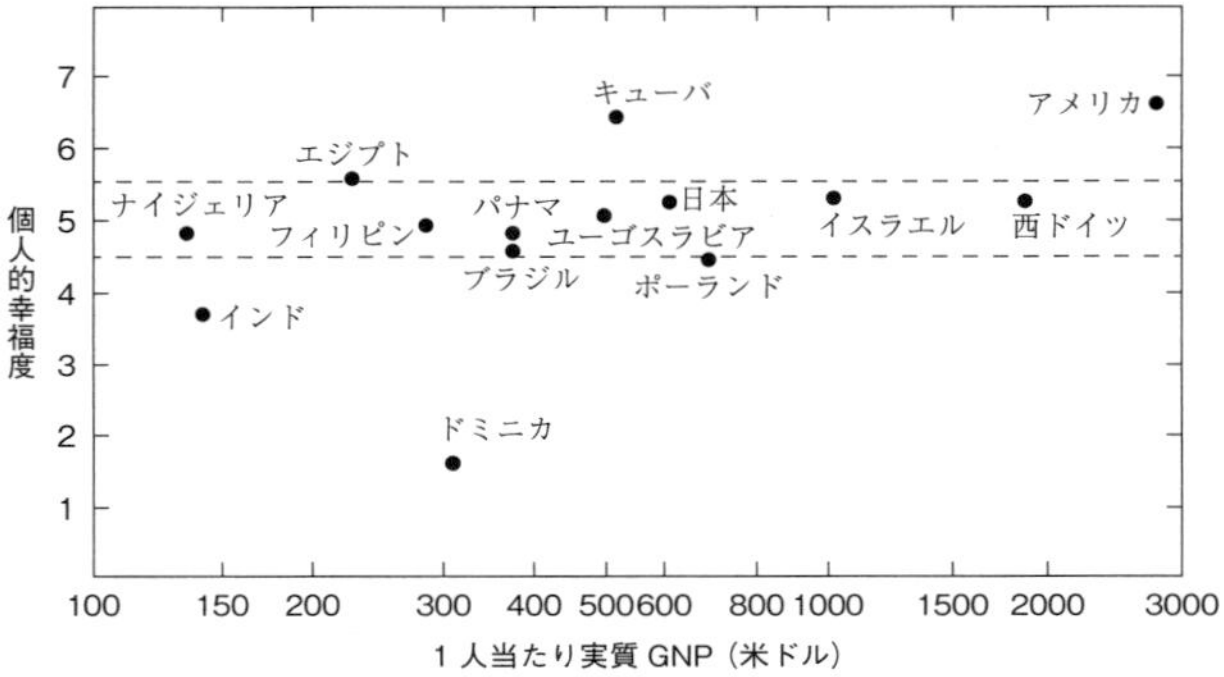

註：横軸は1人当たり実質 GNP（米ドル換算）．縦軸は個人的幸福度のキャントリルラダー値．
出典：Richard A. Easterlin, 'Does Economic Growth Improve the Human Lot? Some Empirical Evidence,' in P. A. David and M. W. Reder eds., *Nations and Households in Economic Growth: Essays in Honor of Moses Abramovitz*, New York: Academic Press, Inc., 1974.

○年前後の数年に散らばり、必ずしも同一年のものではない。今日から見ればかなり古い時期のものであり、一四カ国というデータ規模も必ずしも十分といえない。そうした資料的制約はあるが、イースターリンは「一人当たりGNP」（平均所得）と「幸福度」の関係を図表3-2のように総括する。前者は横軸で、後者は縦軸で示されている。

図の縦軸（個人的幸福度）について補足しておこう。その数字はH・キャントリルが考案した「キャントリルのはしご《ラダー》」の値である。[14] 0（最低）から10（最高）までの一一段階を設定して、当面の状態がそのうちどの数値に該当するかという問いに対して得られた回答（この場合には諸回答の平均値）がキャントリルラダー値である。これは、本人にしかわからない主観的な感情や感覚――つまり統計や器材などによって客観的に測定できない事象――を数値的に可視化するひとつの方法として利用される。当面の幸福感についてだけでなく、例えば医療の現場では患者の「痛み」の程度を理解するためにも用いられている。この方法によって「個人的幸福度」を定量的に可視化させたのが縦軸である。[15]

さて、図表3-2において、キューバおよびドミニカは全体のなかではやや外れた位置にあるが、これは革命直後および政治的混乱という政治的非常事態の影響を受けた結果だと考えられるので、度外視される。また、インドとアメリカのみを比較すれば、低所得・低幸福と高所得・高幸福という形をとっており、「一人当たりGNP」と「幸福度」とは正の相関を示しているとも言えなくもない。しかし、二カ国だけの比較で「所得と幸福は正の相関にある」などと一般化するのは暴論である。

全一四カ国中、低所得国（例えばナイジェリア）から高所得国（例えば西ドイツ）までの一〇カ国は、5前後（ほぼ4・5～5・5）のキャントリル・ベルト内に位置しており、大勢としては、所得が上がっても幸福度は上昇していない。所得と幸福は正の相関を示していない。つまり、富裕国の人びとは、貧困国の人びとにくらべて必ずしも幸福だとはいえないということである。「ゆたかな富」は必ずしも「ゆたかな生」をもたらすわけではない。それを彼はこのように実証的に示す。

物的にゆたかになればなるほど幸福になるというGDP神話に疑問を提起し、「幸福はカネでは買えない」とした右の議論は、通例「イースターリン・パラドクス」とか「幸福の逆説」と呼ばれている。

なぜそうなるのか。彼によれば、幸福感は絶対所得でなく相対所得（周囲の人びとと比較した自らの所得）に左右され、また経済面以外の各種規範（人間関係や助け合い精神など）の影響を受けるからだという。その他に彼は指摘していないが、健康、人権、民主主義、分配的公正や、さらには国民性、文化的風土、歴史的背景のちがいも影響しているし、さらには、何を準拠集団（比較や参照の対象とする人物群）とするかのちがいや、周辺環境（逆境を含めて）への人間の順応能力なども関係していよう。

†所得と幸福の逆説①

イースターリンのいう「幸福の逆説」は、あくまでも主観的ウェルビーイング（幸福感）

に限定した議論であって、ウェルビーイングの客観的側面に直接かかわるものではない。客観的側面をふくめた「ゆたかな生」については後の章にゆずって、いましばらく主観的側面にしぼって考察をつづける。右では「逆説」を世界各国のプロット図から見たのであるが、それにしても対象とする時期が古く、また検討対象国の数が限られていた。

この限界を克服すべく、近年、いくつかの研究が発表されている。例えばE・ディーナーとM・E・P・セリグマンは、二〇〇二〜〇四年期を対象にして、一人当たりGDP（平均所得）と生活満足度（幸福の重要な一環）のクロスセクション分析をおこない、そこから諸国を図表3‐3のようにプロットしている。[16] 同様の図はR・イングルハートらやB・フライ、A・スタッツァーからも示されている。[17]

図表から以下の諸点が読みとれる。

①一人当たりGDP（平均所得）と幸福度（生活満足度）は大まかには正の相関を示す。
②所得が低い段階ではわずかな所得増加でも幸福度の上昇は大きい。
③一定の閾値（1万ドル前後）を超えると、所得の増加は生活の追加的満足をほとんどもたらさなくなる。

図表3-3　世界各国の平均所得と生活満足度の相関（2002〜04年）

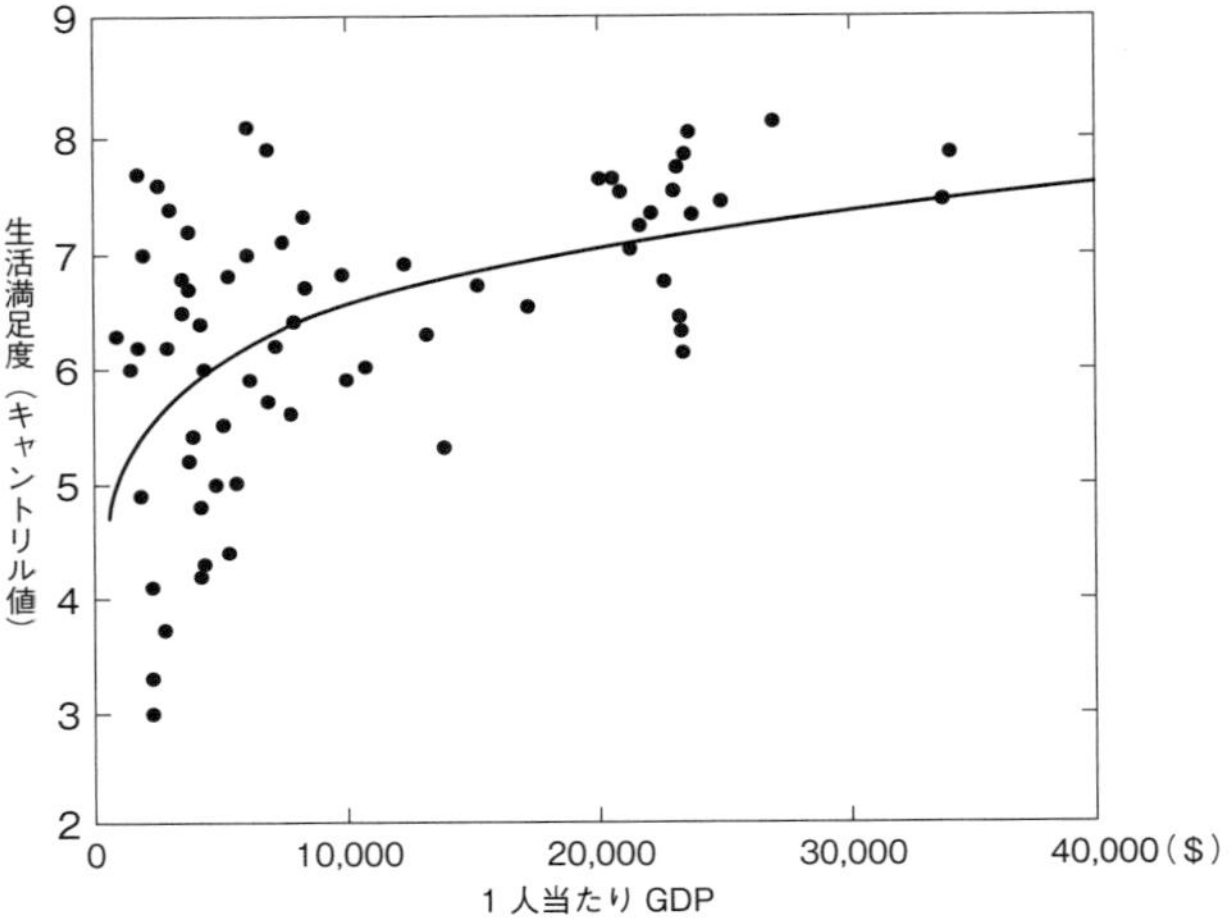

出典：Ed Diener and M. E. P. Seligman, 'Beyond Money: Toward an Economy of Well-Being,' *Psychological Science in the Public Interest*, 5 (1), 2004. データ出所はWorld Value Surveys.

④全体的趨勢として、所得上昇と幸福上昇の相関は小さくなっていくという非線形的な逓減《ていげん》的増加の関係にある。

⑤図の左上部には主にラテンアメリカ諸国が位置するが⑱、そこでは所得が低くても高い幸福感を享受している。所得よりも親戚・交友関係のもつ重要性のゆえであろう⑲。

イースターリン自身は、所得が上昇しても幸福度はほぼ一定だという発見から「逆説」を主張したが、ディーナー、セリグマンは、所得が上昇するほどには幸福は上がらないことを見出した。つまり、所得と幸福の関係を各国ごと二次元平面にプロットすると、その構図は横軸に並行する直線的ベルトをなすのでなく、漸近線に下から近づく曲線を描くというわけである。そうした相違はあるものの、それでも一人当たりGDPの増加ほどには幸福は増えないというのは、成長至上主義の立場にとっては都合の悪い「逆説」であろう。

同じことは、「幸福の経済学」で有名なB・S・フライらの研究においても、「ゆたかな国に関しては、国民一人当たり所得が高くなっても、幸福には顕著な影響は及ばない」[20]と指摘されている。経済学の標準的教科書では「効用（U）は所得（Y）とともに上昇する」と、何の疑問もなく前提されているが、少なくともある閾値を超えるとそう安易には言えなくなるのである。

†所得と幸福の逆説②

以上、平均所得の異なる世界各国は幸福度においてどのような相違を示すかという観点から、パラドクスを見てきた。しかしもっと直截に、同じ国内で平均所得と生活満足度の関係が経年的にどう変化してきたかを、実証資料にもとづいて検討してみるほうが事態は

図表 3-4　１人当たり実質 GDP と生活満足度の経年的変化①
（日本 1958〜91 年）

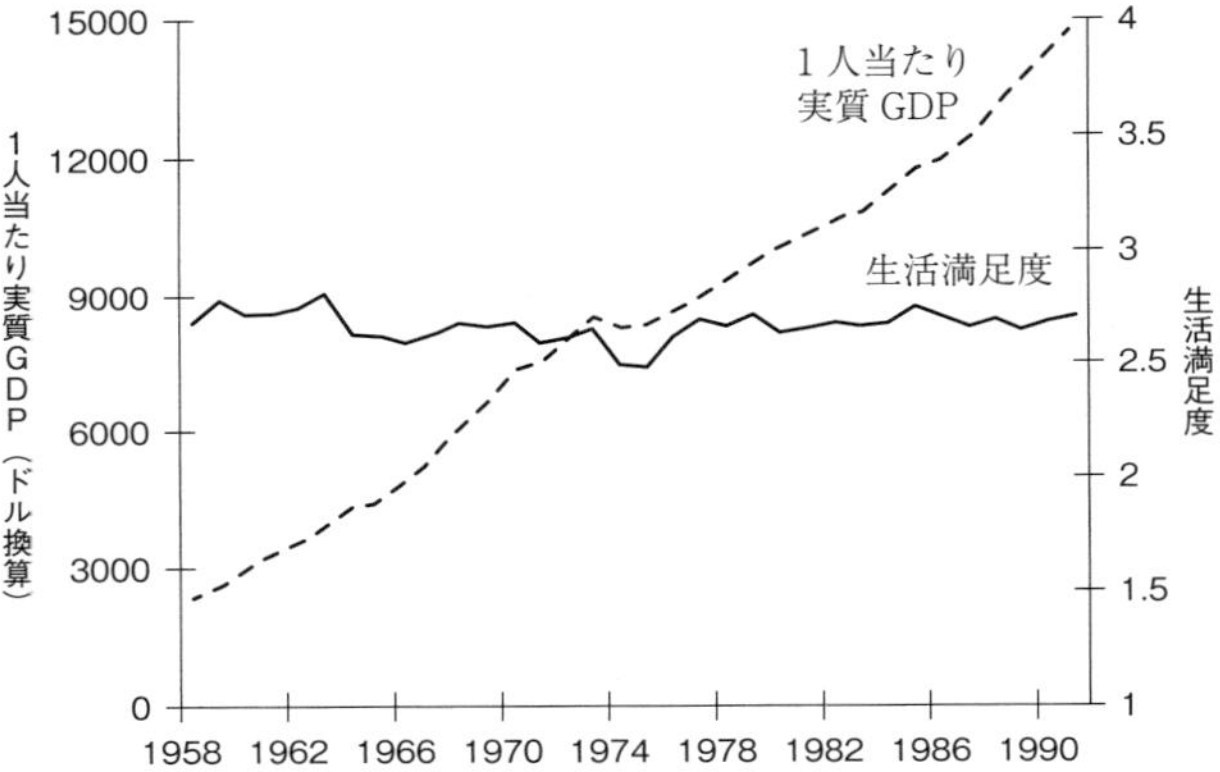

出典：Penn World Tables and World Database of Happiness.

はっきりする。ここに「生活満足度」とは、主観的幸福のうち、一時的な気分や感情による幸福感でなく、ある程度持続的で合理的・知的な判断による生活への満足感を指す。第一の資料として、二〇世紀後半の数十年を対象とした「一人当たりＧＤＰ」と「生活満足度」の関係を図示するが、この動き、中長期的には日米ともにほとんど同様な関係を示しているので、日本についてのみ図表３－４に示す。

図表について説明するまでもなく明らかなように、一人当たりＧＤＰは基本的に上昇しつづけている。時代は高度成長初期からバブル絶頂期にかけてであり、いわば日本経済が最も「繁栄」したといわれる時代である。家庭電化製品や自動車をはじめとした「ゆたかな富」が各世帯に行きわたり、最後には「ゆたかなカネ」を求めて人びとがバブル投機に走った時代である。この三十余年間、一人当たり実質GDP（平均実質所得）は五〜六倍になっている。ところがしかし、その同じ期間、生活満足度はほぼ横ばいであり、まったく上昇していない。[21]「便利」にはなったかもしれないが「幸福」にはなっていない。つまりGDPの成長と生活の満足とは無関係だということである。

第二の資料は、日本が「経済大国」と言われだした時点から、バブル崩壊をはさんでデフレ経済へと落ち込んでいく時期についてのものであり、それが図表3－5である。この時代、一人当たり実質GDPは中程度の成長から微成長に転じてゆくが、生活満足度はすでに「経済大国」時代の一九八四年以降、横ばいどころか低下しはじめる。さきの図表3－4とは統計的根拠がちがうので、その点、生活満足度の動きについては注意の必要はあるが、それにしても一九八四年以降、平均所得と生活満足度とは逆方向に動きだしてしまう。それほどに成長と幸福は相容れない存在になってしまった。

高度成長期にくらべれば物的な満たされ方（一人当たりGDPの上昇）は小さくなってはいるが、それでも、物的に満たされれば満たされるほど不満足になるとは、いったいどうい

図表 3-5　1 人当たり実質 GDP と生活満足度の経年的変化②
（日本 1981～2005 年）

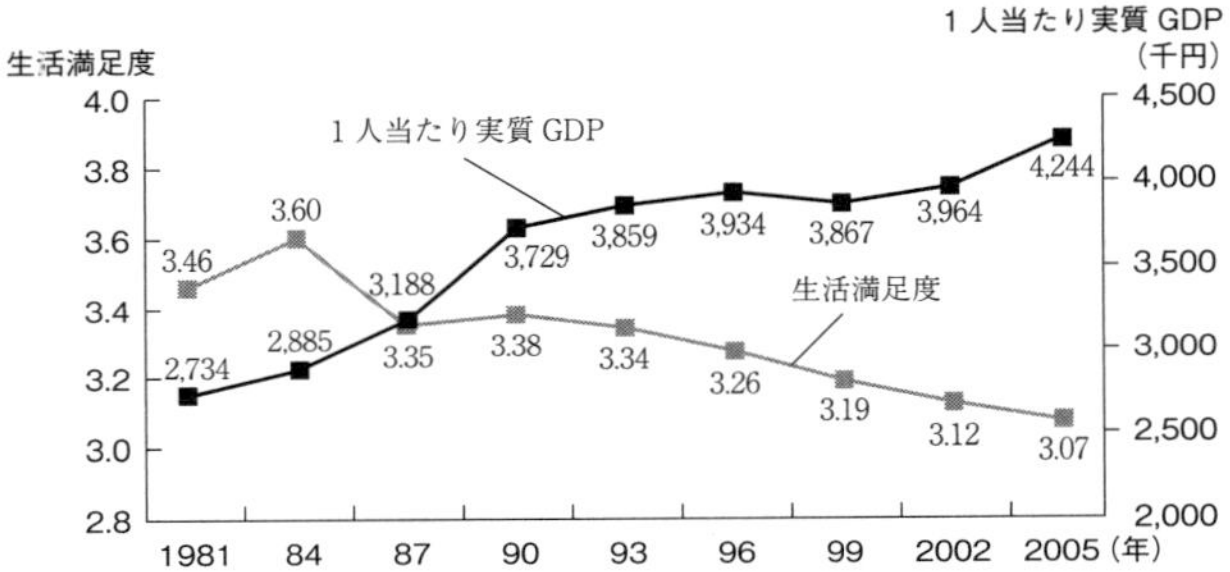

註：内閣府「国民生活選好度調査」「国民経済計算確報」（1993 年以前は平成 14 年確報，1996 年以後は平成 18 年度確報），総務省「人口推計」により作成．「生活満足度」は「あなたの生活全般に満足していますか．それとも不満ですか．（○は一つ）」と尋ね，「満足している」から「不満である」までの 5 段階の回答に，「満足している」＝5 から「不満である」＝1 までの得点を与え，各項目ごとに回答者数で加重した平均得点を求め，満足度を指標化したもの．回答者は，全国の 15 歳以上 75 歳未満の男女（「わからない」「無回答」を除く）．
出典：『国民生活白書』2008 年版．

うことか。ガルブレイスの依存効果論が的中しているということなのか。それとも、平均所得と中位所得の差が大きくなって、中間層が沈下し生活への不満が高まったからなのか。つまり、格差拡大や将来不安が多くの人びとの生活満足度を押し下げてしまったからなのか。

いずれにしても、一定以上の平均所得国では、国内的・経年的にみても国際比較的にみても、平均所得と幸福度とは無関係になる。一定の閾値を超えると、幸福なるものは決して所得の多寡に還元されなくなる。モノ・カネは幸福の決定要因としての存在意義を失ってゆく。(22) 幸福はカネでは買えない! 「ゆたかな富」は必ずしも「ゆたかな生」を意味しなくなるのである。ということは、所有欲求(more-having)がある程度みたされると、人間は存在欲求(well-being)の充足のうちに幸福を見いだすようになる、ということではなかろうか。

†富と幸福をめぐるスミス「自然の欺瞞」論

再三くりかえしているが、『国富論』のスミスは、富をいかに増加させ、いかにして国民にゆたかな生活をもたらすべきかについて腐心した。そこには一八世紀後半のイギリス社会の現状のなかで、「ゆたかな富」が「ゆたかな生」(幸福)につながるとの信念があったはずだ。個人的富裕のためにも、また社会の全般的富裕つまり多くの人びとの幸福のためにも、スミスは個人の利己心を肯定した。自らの境遇を改善しようとする諸個人の利益追求心を肯定した。

だがしかし、「ゆたかな富」を求める利己的個人の刻苦勉励は、社会全体に「ゆたかな富」を、したがって「ゆたかな生」をもたらすかもしれないが、実はそれがそのまま、個人にとっての「ゆたかな生」につながるわけではない。この皮肉な事実について、『道徳感情論』（一七五九年）のスミスはまことに興味深い記述を残している。「自然の欺瞞《ぎまん》」とも呼びならわされている次の一文は、「ゆたかな富」と「ゆたかな生」の亀裂を語ってあまりある。少し長いが古典の一節を味読してほしい。

貧乏人の息子——怒りくるった神《ヘヴン》が、彼に野心をもたらした——は、身の回りを眺め始めるやいなや、金持ちの境遇を素晴らしいと言う。彼は、父親の掘っ立て小屋は、自分が住むには小さすぎると思い、王宮であればずっと気持ちよく寝られるはずだ、と想像する。彼は、自分の足で歩くこと、馬の背に跨《また》がる苦労に耐えねばならぬ、ということに不快感を覚える。彼は、高位の人々は機械で運ばれると思い、その中にいれば、何の不便もなく移動できると想像する。彼は、自分が生まれつき無精だと感じ、自分のことを、できるだけ自分自身で行わずに済むように望んだあげく、めんどうなことは、数多くの供回りがすべて済ませてくれると考える。もし彼がこのすべてを実現できたら、彼自身の境遇は、幸福と心の平安で満ちあふれると思い浮かべて楽しみながら、満足してじっと座り、心安らかだろうと想像する。それは、彼の空想のなかでは、階級が高い人々の生活に類似していると思われ、こうして彼は、それに近づこうとして富と偉大さの追求に挺身《ていしん》する。このようなものがもたらす便宜を入手するため、彼は、そのようなものなしで過ごせる生涯なら被ったかもしれないものをはるかに上回る、肉体的苦労や精神的不安を、志願した最初の一年どころか、最初の一カ月で甘受するだろう。彼は、忍耐を要する専門的職業で、ひとかどの人物になろうと努める。競争相手の誰にも負けない力量をつけるため、彼は昼夜を問わず、不屈の勤勉さで努力する。その後彼は、こうして磨いた力量を見せびらかそうと努力し、同様に熱を入れて、あらゆる雇用機会にありつこうとする。この目的のため、彼はあらゆる人物に媚びへつらい、嫌な人物に仕え、軽蔑している人物に追従する。彼は、まず到達できそうにない型どおりで格調高い心の平安という理想を一生かけて追い求めるが、そのために、彼の手中にある真の心の平安をいつも犠牲にするし、さらに、老いて最期が近づいたときに何とか達成できる状態になったとしても、そのため彼が放棄してきたつつましやかな安全と満足に較《くら》べ、いかなる点においてもより好ましいものではない、と分かるだろう。したがって、富と偉大さは、つまらない効用をもつあまり価値のないもので〔ある〕(…)ということが、ようやく分かってくるのは、人生の残りもごくわずかになり、身体が苦労と病で衰弱し、敵対者の不正や友人の背信や忘恩のせいで痛めつけられたと彼が想像する、無数の中傷

や落胆の記憶で彼の心が苦しめられ、かき乱されたときのことである。(23)

富を得れば幸福が得られると信じた若者が、肉体的精神的辛苦をいとわず、日夜の努力と勤勉によって、また卑屈と追従を重ねた結果、人生の最後になってついに富や栄達を手に入れた。いや、彼個人が富貴になっただけでなく、彼の勤勉によって社会全体もゆたかになった。しかしその社会的富裕の陰で、また個人的豪奢の裏側で、彼は自らの獲得物を見ながら涙することだろう。手に入れた富は、みずから手放した心の平安や満足とくらべて、何と小さなことか、こんなはずではなかった、と。

富は幸福を約束してくれるはずだった。そのために彼は、眼前の「心の平安」という幸福を犠牲にして、「王宮」なみの荘厳かつ圧倒的な幸福をもたらすはずの富を求めたのでなかったか。だが老境の彼の前にいまあるものは、あまりにもみすぼらしい。老いたる青年は手段(富)を手に入れたが、目的(幸福)を失った。富と幸福のパラドクス。彼は騙《だま》されたのだ。「自然」に騙されたのだ。

しかしスミスは、こうした「自然の欺瞞」は「良い」ことだという。「このように自然が我々を騙してつけ込むのは、良いことである。人間の勤勉をかき立て持続的に作動させるのは、このような欺瞞である」[24]と。この欺瞞のおかげで社会全般は富裕になるのだ、と。

スミス『道徳感情論』の時代からほぼ二世紀半あまり。「ゆたかな生」をもたらすはずであった「ゆたかな富」は、社会全体にとっても、いつの間にかその「約束」を放棄した。一定の臨界点を超えると、GDPは必ずしも「ゆたかな生」に結びつかなくなった。bien（財）はbien-être（ウェルビーイング）に結びつかなくなった。これをして「GDPの欺瞞」と呼ぶべきか。ただしスミスの説とちがって、それは「良い」こととは言えない。

第四章

社会的連帯経済とは何か

†市場対国家を超えて

第二章でGDPの概念を反省したとき、それはあくまでも「市場」化されたかぎりでの財・サービスの付加価値であることを見た。だが市場は経済活動のすべてではないし、すべてにはなりえない。また今日では、福祉国家の発展にみるように政府の経済活動の場が拡大しているが、だからといって「国家・地方自治体」がすべての経済活動を掌握していくことになるとは、誰も考えてもいないし期待してもいない。

にもかかわらず、これまでの経済学では「市場」は特権的な分析対象をなしてきた。なかには市場こそが、効率的な資源配分、公正な所得分配、安定的な経済をもたらすのだと信じて、すべてを市場化せよと叫ぶ市場原理主義的な経済学さえ登場してきた。そこまで極端な経済学を別にすれば、経済学は市場のみが自らの分析対象ではないことに気づいており、早くから「国家」や「政府政策」のもつ意義を視野におさめてきた。財政学、公共経済学、経済政策論といった分野も開拓されてきたし、経済学は政治経済学であるべきだという立場も伝統的に存在する。

経済思想の面からいっても、一方には、市場のもつ効率性、公平性、安定性を強調し、

「すべてを市場にまかせよ」と唱える新古典派経済学の存在感はそれなりに大きい。他方、これとは反対に、市場の不安定性（恐慌や金融危機など）、市場的分配の不公正性（貧富格差の拡大など）、市場のもつ負の外部性（例えば市場活動がもたらす環境汚染）などを問題として、市場経済の健全化のためにも国家介入の必要性を説く経済学への賛同も多い。その古典的な代表はケインズであり、その後継として各種のケインズ派経済学も展開されてきた。こうして長年、経済学は「市場 対 国家」という二元的な対立のなかで自己形成をとげてきた。

一般に市場では、参加者は自らの「利益」追求を動機とし、参加者は相互に対等な交換者として「水平的」な調整関係（交換関係）を結ぶ。もちろんこれはタテマエであって、現実には独占的ないし寡占的な地位にある参加者（大企業）が隠然たる支配力を行使することも多い。が、その点はいまは度外視しておこう。これに対して国家は、法と権力にもとづいて市民や企業に対する上からの強制力を保有しており、その意味で「垂直的」な調整関係（支配関係）を構成し、市民らに対して「命令」ないし「指令」のかたちで国家意思を貫徹させる。裏を返せば市民らは、それに従うという「義務」的動機のもとに行動する。ただし強制力の一方的な行使（例えば徴税や徴用）だけでは国家の正統性を確保することはできず、現実には国家は各種の反対給付（例えば公共事業や公的福祉政策）の提供を行うが、この点も当面は脇に置いておこう。

すると結局、経済学が主として視野に入れてきたのは、「利益動機と水平的調整にもとづく市場」と、「義務動機と垂直的調整にもとづく国家」との二つであった。現代の資本主義社会は、少なくともこうした「市場」と「国家」という二大調整原理を擁している。だからこそ経済学においても、市場重視か国家重視かの対立――つまり市場 対 国家の対立――が、時代を超えて不断に生起してくるのである。

だがはたして、資本主義社会の調整原理は市場原理と国家原理の二者に尽きるのであろうか。現代社会はこの二つの原理しかもっておらず、二つの調整原理のみで動いているのであろうか。今日の経済社会にいま一歩、丁寧に分け入ってみる必要がありそうだ。

†経済社会総体の三元構成

こう問うてみるとき、私たちのまわりには「市場」（営利市場）でも「国家」（地方自治体を含む）でもない経済社会活動に満ち満ちていることがすぐに目につく。第二章で述べた家庭内の家事労働はその一例だ。それ以外にも、労働者や市民の自発的意思にもとづいてつくられた非営利の「協同組合」(生活協同組合や労働者協同組合など)、生活上の困難やリスク(貧困、死別、老齢、失業、疾病、災害など)に対処するための市民たちによる自発的な互助組織たる「共済組合」、各種の社会問題(社会的孤立、学習障害、環境汚染、地球温暖化など)に取り組む市民社会的な「非営利組織」(NPO)ないしは「非営利団体」、主に大富豪や大会社の私財をもとに設立されて慈善・芸術・保健活動などを担う「財団」、——これらが思い浮かべられよう。それらは比較的大きな組織を形成することもあるが、それ以外にも、健康、福祉、教育、文化、環境、生活の安心・安全などをめぐって活動する無数の自発的小集団も存在する。これらはどれも、何らかの予算とその執行のうえに成り立ち、つまりは経済的活動を営んでいる。

だが、これらの行う経済活動は固有の市場領域にも、固有の国家領域にも属さない。つまり非市場・非国家の組織からなる経済圏をなす。もちろん、「非国家」といっても、重要な互助組織(例えば老後生活、病気、失業関係のもの)は現代では国家に吸収されて、福祉国家の一環をなすものもあるし、国家や地方自治体からの財政援助を受けている組織もある。また「非市場」といっても、これら組織が市場での活動を一切しないということでは全然ない。しかし、市場活動をするといっても、これらが民間営利企業と異なるのは、それらが非営利の相互扶助や社会的サービス提供を目的とし、利潤動機でなく社会的に有用な活動に従事し、組織運営には民主主義の原則が適用される点である。営利動機でなく倫理動機が優位を占める経済活動領域なのである。

そこで、この大小無数の組織による非市場・非国家の経済活動領域を、独自の経済部門《セクター》として、新たに設定する必要がある。市場部門（第一セクター）、国家部門（第二セクター）に対して、これを「第三《サード》セクター」と呼ぶこともできよう。ただし、日本語でいう第三セクターはしばしば「半官半民」といったニュアンスで受け取られがちであるが、ここでは、それがあくまでも「民間」の存在であり、あるいは「コミュニティ／市民社会」(community / civil society) を活動圏とするものだという意味で使っている。そしてこのセクターにおける活動は、伝統的には「社会的経済」と呼ばれてきたが、近年においては「社会的連帯経済」(social and solidarity economy : SSE) ということばで語られるようになった。

社会的連帯経済の中味については、これから縷々考察していくつもりである。ここではあらかじめ、さきの調整原理にかかわってこの社会的連帯経済について補足しておけば、それは「倫理動機と水平的調整にもとづくコミュニティ／市民社会」における活動と要約されるものである。「倫理」というのは、行動の動機が利益でも義務でもなく、むしろ良心や連帯や協力の意識に支えられていることを指す。ただし、ここに「倫理」とか「水平的」とかいっても、純粋なそれに収まらず、その他の要素も混在することは、市場原理や国家原理について述べたことと同然である。

また「コミュニティ」と「市民社会」をあえて区別すれば、コミュニティは比較的狭い範囲の協力と互助の場を意味することが多いのに対して、市民社会は、コミュニティよりは広いが、しかし市場や国家ほどには広くない外延をもつケースを指す。いわば中間的《メソ》な規模と位置にある。つまり、ここにいう「市民社会」(civil society)はJ・ハーバーマス的意味での「市民社会」(Zivilgesellschaft)――各種の市民的中間団体およびそれが構成する公共圏――だ、とさしあたり理解されたい。[1] 付言するならば、コミュニティは人類の全歴史にわたって存在しうるものであるのに対して、市民社会の語には、例外もあるが、主に近代以降ないし都市的社会における協力と互助の場を含意させていることが多い。

以上を要するに、経済社会総体を「市場」「国家」「市民社会」という三セクター構成において捉えることが、現代社会認識において有効な視角をなしつつある。つまり、「利益動機と水平的調整にもとづく市場」「義務動機と垂直的調整にもとづく国家」「倫理動機と水平的調整にもとづく市民社会」という三元構成において経済社会を理解することが、今日における歴史的転換とそのなかでのウェルビーイングの意味を考察するうえで、有力な示唆を与えてくれると予想される。そして、この三元構成的な見方が決して突飛なものでないことについて少々補完的な説明をして、単純な市場‐国家二元論の呪縛を解いておこう。

経済人類学者K・ポランニーによれば、「人間の経済における主要な統合形態は、互酬、再分配、交換である」。「互酬《レシプロシティ》」（互恵）は対等な相互依存関係を基礎とし、「再分配」は中心的存在（国家）への資源の集中（徴税・徴用・徴兵）とそこからの分配（公共財・公共サービス）を意味し、「交換」とは市場を通しての諸個人間での財の相互的移動を意味する。交換は市場を統合する形態であり、再分配は国家を統合する形態であり、また互酬は、対等な相互依存関係のうちにある諸集団を統合する形態である。そしてこれら三つは、たんに歴史的な発展段階をなすのでなく、現代社会においても対抗しつつも共存している統合原理の諸類型だという。(2)

要点は三点。第一に、互酬は非市場的かつ非国家的な経済統合形態だということ。つまり、交換（市場）でも再分配（国家）でもない「互酬」という統合形態が独自に存在するということである。第二に、互酬、再分配、交換は、あらゆる経済社会において、対立しつつも同時存在する三つの統合原理なのだということ。第三に、経済社会総体はこれら三原理の相互補完と相互対立といった複合的構成から成り立っているということ。このようにポランニーは、「統合形態」という用語をつかいながら、社会総体における調整原理の三元構成――三原理の補完と牽制の関係――を見抜いていたのである。

同じような三元構成的な社会認識は、財政社会学的なアプローチから神野直彦によって提起されている。神野はこれを財政のみならず、教育や知識社会の問題など、ほとんどあらゆる問題を理解するための基礎視角として活かしている。そのすべてをフォローする余裕はないので、ここでは「経済システム」「政治システム」「社会システム」という、社会総体の三元的構成の問題を中心にして神野の言うところを聞いてみよう。

社会総体のしくみは、三つのサブシステムから構成されている。(…)経済システムとは、等価物を交換する人間と人間との関係、すなわち市場経済を媒介とする人間関係を意味している。政治システムとは、強制力にもとづく、支配・被支配という人間関係ということができる。最後の社会システムとは、人間と人間との自発的協力による結びつき、つまり共同体的人間関係を意味している。(3)

ここに「経済システム」とは自発的行為、有償労働、競争原理からなり、「政治システム」とは強制的行為、有償労働、協力原理からなり、そして「社会システム」とは自発的行為、無償労働、協力原理からなるものだとされる。そして神野の強調点は、危機にあるコミュニティ生活の再建だけでなく、これからの知識社会の発展のためにも最も必要とされるのは、自発的行為や協力原理を旨とする「社会システム」的世界の影響力を拡充することだというところにある。(4)「社会システム」の復権と強化こそ課題解決のカギをなすのだという思考が伝わってくる。

神野のいう「経済」「政治」「社会」の三つのシステムは、もちろんピッタリ同一とはいかないとしても、ポランニーのいう「交換」「再分配」「互酬」なる統合形態論と重なるところが多い。いやそれ以上に、われわれのいう「市場」「国家」「市民社会」なる三セクター論と通底する点が多い。このように、経済社会総体を三元的に把握し、そのなかでそれぞれ「社会システム」「互酬」「市民社会」と呼ばれる第三の領域に注目する視点をもつこと。それこそ、現代社会でいま要請されていることであり、また後にみるように、この観点の延長上にウェルビーイング社会への展望も開けてくることだろう。

†社会的連帯経済の概念と諸形態

　市民社会という領域で主役をなすのは社会的連帯経済である。それは営利企業や公的経済活動とはちがって、独自な活動目標や組織形態をもつ。各国の国民経済に占めるその経済規模は必ずしも大きくはないが、しかし次第に増加傾向にある。

　近年の問題としていえば、国家から市場へという新自由主義的転換は、しかしその裏側で、そして国家とも市場とも対立して、国家・市場から市民社会へという動きを誘発していたのであり、ポランニー的にいえば、この増加は一種の「社会の自己防衛」(5)だと言えるかもしれない。市場からも国家からも見放されたある種の人間活動が「市民社会」(あるいは簡単に「社会」)という場において、自らを防衛し、さらには在来の市場・国家を変革していこうとする動きとして、社会的連帯経済を理解することができる。

　その社会的連帯経済は、あるいは市民社会組織は、ある種の倫理性と民主主義を発展させようとする志向を秘めている。この市民社会セクターが全経済社会を覆いつくすことはないとしても、少なくとも他の二セクターの弊害面を補完し牽制し、さらにはそれらに対して是正作用を及ぼす可能性がないわけではない。現代の重要問題たるウェルビーイングやケアワークは、国家部門だけでは、ましてや市場部門だけでは、十全に対応しえない。そうした「政府の失敗」「市場の失敗」という現実のなかから、いま社会的連帯経済、つまり市民社会／コミュニティという第三の経済セクターへの期待と重要性が高まっているのである。以下、その社会的連帯経済なるものの概略について、これを四点ほどに分けて見ていこう。

第一に、社会的連帯経済なる概念について。この語が定着するようになったのは比較的最近のことであって、それまでは欧米を中心として「社会的経済」と「連帯経済」の両語が別々の文脈で使われていた。「社会的経済」（social economy）の議論には、イギリス・フランスを中心にして一九世紀以来の長い歴史がある。それは、資本主義が勤労者に及ぼす弊害や社会問題の発生（失業、疾病、貧困、生活不安）に対して、労働者らが自らの力によってこれに対応し、境遇を改善しようとの意図から生まれた組合組織の世界である。協同組合や共済組合などに代表される相互扶助の経済組織であり、いわば「社会問題の経済学」が対象とする世界である。(6)

これに対して「連帯経済」（solidarity economy）は、用語としては以前からあったが、とりわけ二〇世紀末以降のグローバリゼーションの進展とともに顕著になってきた各種社会問題（失業、貧富格差、各種差別、社会的排除、環境破壊など）への対抗と対処を目指している。その中心をなすのは、逆境のなかにある有志によって組織された大小の非営利団体（NPO）であり、それら諸団体の連合によって、市場権力や国家権力への対抗と要求の実現を目指している。社会的経済が経済問題を中心にした組織であったとすれば、連帯経済はそれに加えて、政治や民主主義への志向が強い。それが育った主要舞台はヨーロッパのほかに、南米諸国など新自由主義による打撃の大きかった諸国である。(7)

そして、近年の傾向としては、グローバル金融資本主義の支配のもと福祉国家が脆弱化した結果、相互扶助ないし連帯のもつ意義にあらためて熱い視線が向けられるとともに、社会的経済と連帯経済は相互に接近する傾向を示すようになった。その両者を総括的に含意するものとして、「社会的連帯経済」（SSE）という新しい概念が注目をあびることになったわけである。(8) 両語の来歴は異なるものの、ともに相互扶助の経済を目指すものといってよいだろう。

右に簡単に要約してしまったが、実は、社会的経済および連帯経済の思想史的系譜をたどると、それは経済的自由主義から空想的社会主義まで、無政府主義から協同組合主義まで、まことに多様な思想潮流によって論じられてきた（図表4－1）。「社会的連帯経済」は

図表 4-1　社会的連帯経済の多様な想源

論者	出版年	書名	説明	政治的指向
シャルル・フーリエ	1822	『家庭・農業アソシアシオン論』	国内的農業的な結社	協同組合社会主義
サン＝シモン	1825	『新キリスト教論』	科学主義的アプローチ	自由主義兼社会主義的着想
シャルル・デュノワイエ	1830	『社会的経済新論』	政治経済学的アプローチ	経済的自由主義
ロバート・オーエン	1837	『社会システムの基本計画』	貧困対策のため共同体への組織化	「ユートピア」社会主義の理想
ピエール＝ジョゼフ・プルードン	1863	『労働権と財産権・連合主義論』	生産・分配拠点の複数化；自由の保証；国家中心への対抗としての相互主義	社会主義；労働者民主主義
レオン・ブルジョワ	1896	『連帯』	連帯主義；共同生活ルールとしての相互性	自由社会主義と社会自由主義の間
ピョートル・クロポトキン	1902 仏語版	『相互扶助論』	社会ダーウィニズムへの対案；人類を含む種の進化への適用	無政府主義
シャルル・ジッド	1902	「1900年万博における社会的経済報告書」	協力と結社；連帯の保証；自由の経済的道徳的効率性	集産社会主義に対抗する協同組合社会主義
セレスタン・ブーグレ	1907	『連帯主義』	社会国家の必要性	階級闘争に対抗して私有財産擁護
バートン・ワイスブロット	1977	『ボランタリー非営利セクター』	市場の失敗と国家による一定の公共財融資難との穴埋め	埋め込まれた自由主義

出典：ロベール・ボワイエ『自治と連帯のエコノミー』山田鋭夫訳，藤原書店，2023年，付表4.

それほどに多様な歴史的背景をもっているのであって、実は一義的な定義はむしろ困難であるし、論者によって強調点の置き所が異なる。また、そこにいかなる経済活動や制度形態を含めるかについても、論者たちの見解は一致していない。それゆえこの概念は、むしろ問題意識や文脈に応じて柔軟に変化しうるものとして受け取っておくべきものであろう。

第二に、それでは社会的連帯経済は具体的にどのような組織ないし制度からなっているのであろうか。すでにこの問題からして各種見解の相違があるが、ここではSSEを構成する制度諸形態としては、「協同組合」(cooperative)、「共済組合」(mutual society)、「非営利団体」(association)、「財団」(foundation)の四つを挙げておこう[9]。

「協同組合」としては農業協同組合、労働者協同組合、生活協同組合などが、「共済組合」としては年金、貯蓄、失業、火災、事故、疾病、等々、さまざまなリスクに備える各種の保険組合が想起されよう。

「非営利団体」と訳したassociationとは元々、市民が自由意思にもとづき特定の目的の実現のために設立した集団のことだが、ここでの焦点はそのうちの非営利的な組織にあるので、あえて「非営利団体」とした[10]。その非営利団体としては、各国ごとに事情のちがいはあるものの、学校法人、宗教法人、社会福祉法人などのほか、実に多様な規模と活動内容からなるNPO法人（日本では特定非営利活動法人と言われる）を挙げることができる。これらは法人格をもつ団体であるが、そのほかに町内会、子供会、各種クラブ、ボランティア組織など、法人格をもたない無数といってよい諸集団も非営利団体に属する。なお、この非営利団体ないし非営利組織は、本書後論で格別に注視するつもりである。

最後に「財団」であるが、これは一般に法的人格を付与されており、また営利企業や富豪によって節税対策の一環として設立される場合も多い。財団は保険医療、教育、芸術などの面での活動がよく知られている。「協同組合」「共済組合」が人びとの労働や生活の防衛に端を発することが多いとしたら、「非営利団体」は人びとの能力向上や絆づくりに資する対人社会サービスにかかわるものが多い。近年では環境保護関係の団体も増えてきた。

†社会的連帯経済の運営原則と経済規模

第三の論点として、SSE（社会的連帯経済）の目的、原則、運営指針について言えば、これを営利的・資本主義的な株式会社と比較してみると、その差別的特徴がはっきりする。図表4−2を参照されたい。

表からも明らかなように、SSEの目的は利潤追求でなくコミュニティに奉仕する非営

図表 4-2　社会的連帯経済の運営原則

	社会的連帯経済	営利企業
目的	コミュニティへの奉仕，社会的有用労働への従事	利潤
優先項目	人間	資本
組織資産	分割所有しない	分割所有（株式）
議決	1人1票（民主主義）	1株1票
入退会	成員の自由意思を尊重	雇用契約による
主な活動領域	生活防衛（協同組合，共済組合，慈善事業），教育・研究，保健・医療，文化・レクリエーション，社会福祉，環境	広く物質的生産およびサービス一般

出典：筆者作成

利活動にあり、資本よりも人間を優先する点にある。立場的には公的部門でなく民間という地位にあって、社会的に有用な活動に従事する。SSEのうち特に非営利団体《アソシエーション》にあっては、その主な活動領域は、教育・研究、保健・医療、社会福祉、文化・レクリエーションである（第六章参照）。

また組織の資産は成員間で分割所有しない。そして何よりも、SSEを構成する市民社会組織は成員の自由意思にもとづく結社であって、入退会の自由が尊重されている。公的権力からの政治的独立を守り、議決にかんしては「一株一票」でなく「一人一票」の民主主義を貫く。そしてSSEは市場セクターにも国家セクターにも属しはしないが、かといってそれは、市場活動をしないということでは全然ないし、政府部門からの補助金ないし委託金を受け取らないということでもない。要するにSSEは、自己利益の最大化のために「合理的」に行動するという、いわゆるホモ・エコノミクス的経済活動に対抗して、社会的有用性・人間重視・民主的運営という、高い倫理性を経済活動のなかに導入する試みでもある。ただし、当初の理念が空洞化している組織も現実には存在する。

最後として第四に、そのSSEは、一国経済のなかでどの程度の比重を占めているのであろうか。つまりSSEの経済規模の問題である。各国ごと事情や法制度が異なり、集計上の基準も異なるので、正確な数字を出すことは不可能に近い。いかなる統一的基準をつくってもある程度の不統一は残る。その点を留保したうえで、ここでは一例として、この分野の研究を牽引してきたL・M・サラモンをリーダーとする、米ジョンズ・ホプキンス大学非営利セクター比較プロジェクトによる国際比較研究の数字を示すにとどめたい。

調査時期が一九九〇年代なのでやや古い数字しか示せないし、加えてこのプロジェクトによる非営利組織は宗教・政治・金融（その一部）の分野を含まない。その点を留保しつつ、この時期、世界三六カ国における非営利セクター（市民社会組織）の有給労働者およびボランティアが就労者総数に占める比率をみると、最大グループにはオランダ、ベルギー、アイルランドが属し（約10～15％）、以下、米英仏などがこれに続く。中程度の諸国（仮に5

図表4-3　有業有給労働力人口に占めるNPO労働者の割合

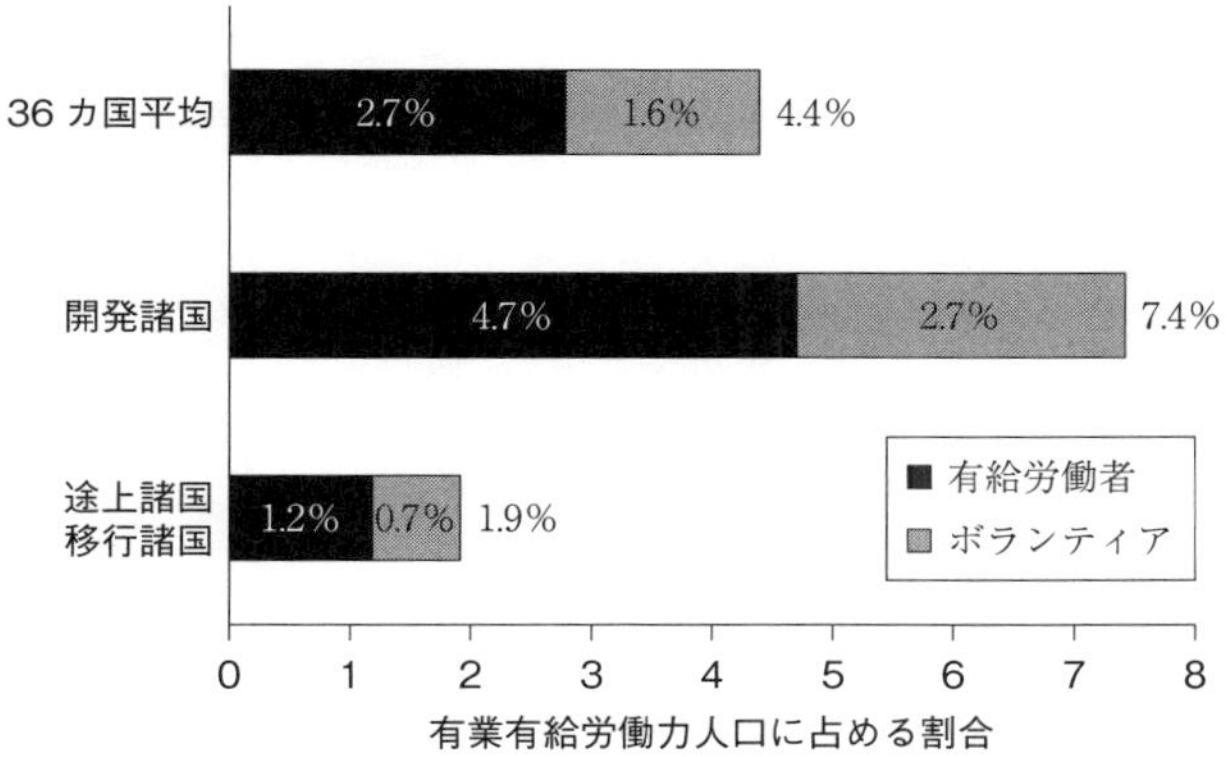

出典：Johns Hopkins Comparative Nonprofit Sector Project.

%前後の諸国とする）にはドイツおよび日本が記録され、最低グループ諸国の比率は1%に満たない。一般に西北欧諸国および英米において高率であり、中低所得国において低い。もっと大ぐくりにいえば、開発諸国の平均は7・4%、途上諸国・移行諸国のそれは1・9%であり、全体の平均は4・4%である[11]（図表4-3）。

　これを全体としていえば、非営利セクターの雇用者は全雇用のほぼ5%、サービス業雇用の12・5%を占める。それぞれのGDP比率も以上の雇用比率とほぼ連動していよう[12]。なお、この部門の比重は一般に増加傾向にあるだけでなく、近年における環境や人権の問題にかかわるNPOの興隆を考慮すると、主要国全体におけるSSEの産出および雇用の比率は大ざっぱにいって5～10％というところであろうか。SSEは規模的には小さいが倫理性を行動動機とする部門だといえる。

†社会的連帯経済の強みと弱み

さきに「経済社会総体の三元構成」を見たとき、社会的連帯経済ないし市民社会部門について、これを市場部門、国家部門に次ぐ第三のセクターだと位置づけた。だがしかし、人類社会の成り立ちという観点からこれを捉えなおせば、コミュニティ（それの拡延形態としての市民社会）こそが全経済社会の基層をなし、いわば第一の基底的セクターをなすと捉える眼が必要だ。「市民社会は全歴史の真のかまどであり舞台である」(13)。市場や国家はむしろコミュニティから派生する第二、第三のセクターだといってよい。

そのことは、人類史を原初《アルカイック》の時代にまで遡れば自明なことである。が、そこまでしなくても今日、例えば大震災など、巨大な自然災害に直面し現代生活にとって基本的な生活インフラ装置が破壊され、したがって市場機能も統治機能も麻痺してしまった場合に、私たちはコミュニティの根源的重要性を思い知らされる。このとき、被災者が生き延びて生活を支える手段は、結局は地域の人びとによる助け合い、分かち合い、支え合いといった社会的な絆しかなくなる。つまり、コミュニティ内外の互酬・協力・連帯・信頼といった社会的連帯経済こそが、経済社会を根底で支えているのである。

もちろん、それだけでは将来的な生活の再建は不可能であって、やがて行政や市場の機能回復を待たねばならない。にもかかわらず、コミュニティ＝市民社会部門こそが経済社会形成の母胎・基層・岩盤をなすことは十分に確認されてよい。この社会的基層が破壊されると健全かつ強靭な経済社会は育たない。

ただし、そうはいっても、社会的連帯経済は万能ではない。互酬や市民社会の原理が単独で経済社会総体を調整することなどできず、市場＝交換原理や国家＝再分配原理との相互補完的な絡み合いのなかで、はじめて一個の経済社会は存続しうる。つまり市場経済や国家経済にくらべて、社会的連帯経済は強みもあるが、同時に弱みもかかえていることを冷静に見ておくべきだ。それはある種の将来的可能性を秘めていると同時に、いくつかの限界をかかえているのである。

すなわち、第一に、社会的連帯経済は基本的に地域に根ざす経済活動であって、そのことの重要性を認めたうえで、やはり地域を超えたマクロ経済やグローバル経済へと広がっていく力に、目下のところ欠けている。第二にＳＳＥは、問題に対応して組織や方針を組み直すという即応的な適応力にはすぐれている。特に公的セクターとくらべた場合、SSEは一般に、問題対処への先駆性、柔軟性、機動性、専門性においてすぐれており、その意味で社会的イノベーション能力（組織や制度を革新していく能力）は高い。しかし膨大な研究開発費を要する技術的イノベーションでは、営利大企業にはるかに及ばない。

したがって第三に、いわゆる生産効率面では市場セクターよりも劣る。経済力の面でも「市場」や「国家」の後塵を拝している。そして第四に、経済社会の健全な存続にとっていかに不可欠な基層的セクターであろうとも、資本主義総体のなかでみると、量的にはSSEはやはり周縁的存在なのである。加えて一般に、SSEに従事する有給労働者の賃金は相対的に低い。

経済力の弱小性ゆえにSSEは、時に市場経済における営利企業との競争において敗北し、また、公的セクターからの補助金に依存せざるをえず、それが恒常化してゆく。特に日本では、例えば社会福祉関係の団体のなかには、自立的民主的な結社として国家とのよきパートナーをなすというよりも、その「代理人」「外郭団体」へと堕《だ》してしまうものも見受けられる。(14)

また、多くの町内会・自治会などは、シニア世代を中心にして地域の安全や絆づくりのために創発的な活動をしているものもあれば、他方、自発的アソシエーションというよりも、市区行政の下請機関と化している所もある。協同組合や同業団体などにおいても、本来の理念を離れて一種の圧力団体化しているケースもないわけではない。それがＳＳＥの政治的独立性、人間優先、民主主義的運営という高い倫理性を侵食しないという保証はない。

第五章

互酬と協力の原理は現代にどう生きているか

†互酬と協力の市民社会思想

前章で市場 対 国家の二元論を超えて、これに市民社会（コミュニティ）を加えた三元論的な社会認識の視角を提起したのは、実は、新たに加えられたサードセクター——互酬や協力を原理とする社会的連帯経済——のもつ現代的な、そして未来形成的な意味を強調するためであった。「未来形成的な意味」については後の章にゆずるとして、本章では、競争と利己心の跋扈《ばっこ》するこの現代社会において、この互酬原理や協力原理の思想が依然として根強く主張されつづけていることについて、ごく簡略的ながら振りかえっておくことにしたい。

近現代社会は、多くの経済学者が説くような、ホモ・エコノミクス（経済人）による闘争と私的利益の追求の場には決して還元されえない。(1) そこでは同時に、ホモ・レシプロカンス（互酬人）による協力と相互扶助の世界が脈々と生きているのであり、また、市場（私利追求）や国家（官僚的統制）に還元されない非市場・非国家の経済世界が社会全体の円滑な運行を支えているのである。

経済学の歴史を振りかえってみると、こうした世界は新古典派、ケインズ派、マルクス派など、いずれの伝統的経済学からも十分な照明が当てられてこなかった。経済学はなによりも市場や資本主義に、あるいは国家やその経済政策に焦点を当てて立論されてきたからであろう。とりわけ主流派経済学は「ホモ・エコノミクス」（利己的人間）を前提におき、各自の利己心追求がもたらす客観的結果を解く経済学として確立されてきたので、「非営利」とか「互酬」などとはおよそ縁遠い世界しか知らない。また「制度が重要である」という制度派経済学も、考察の主たる対象は市場・企業・国家にかかわる諸制度であって、サードセクターないし市民社会の諸制度への関心は比較的に薄かった。

しかしそのなかにあって、相互扶助や相互協力に注目し、あるいは非市場・非国家の経済領域を積極的に掘り起こす社会科学的認識がなかったわけではない。以下、本章では相互扶助、相互協力、非市場・非国家的調整の意味を問うた議論について、それぞれの代表的論者に即してごく簡単に振りかえってみる。そこには社会的連帯経済（SSE）の議論と共通する問題関心が存在し、こうしてSSEが決して孤立した議論でなく、現代の時代的課題に挑戦する大きな学的潮流の一環をなすものであることが理解されよう。

†クロポトキンの相互扶助論

二〇世紀初頭、P・クロポトキンは『相互扶助論』を著して、経済社会的活動における「相互扶助」(mutual aid)に焦点を当てつつ、この扶助関係の拡大深化こそ人類史の進化要因なのだと説いた。[2] この書は、動物の相互扶助に始まって、未開時代から近代までの人類史を貫く相互扶助を包括的に、かつ具体例を挙げつつ論じたものである。Ch・ダーウィンから多くを学んだクロポトキンは、人類の各種集団の内外における「相互闘争」(生存競争)の存在を確認しつつも、それ以上に彼が強調するのは、強い「相互扶助」と「相互支持」(mutual support)に支えられた集団こそが闘争の勝利者となり、こうして相互扶助によってこそ人類の進化がもたらされたのだという点である。[3]

相互扶助は相互闘争とひとしく自然の一法則であるが、相互扶助は進化の要素としては恐らくより大なる価値を有し、種の存続と発展とを保障すべき習慣と特質との発達を促し、同時にまたその各個体に最小の努力をもって最大の幸福と享楽とを得せしめるものである。

人類は自然界の一例外ではない。人類もまた、生存の闘争においてもっとも善く互いに助け合うことを知っているものにもっとも善き生存の機会を与える、かの「相互扶助」の大原則に従うものである。これが前数章においてわれわれの到達した結論である。

結論的にクロポトキンはこう締めくくる。「われわれは、人類進化の最初にまでさかのぼることのできる相互扶助の実行の中にわれわれの倫理観念の疑うべからざる確実な起源を見出すのである。そしてわれわれは、人類の道徳的進歩においては、相互闘争よりもこの相互扶助の方が主役をつとめていると断言することができるのである」。

浅薄なダーウィン主義者なら、もっぱら個人間の生存競争こそが人類進化の動因だと語って、いわゆる適者生存説によって市場競争を奨励する。これとちがってクロポトキンがダーウィンから学んだのは、「集団」という視点を入れて、集団間競争に勝利するためにも集団内相互扶助が必要であり、つまり、集団内の相互扶助が発達していればいるほど集団間の闘争に勝利するという点だ。そして、集団規模を逐次大きくしていっても同じことが言え、こうして最終的に、相互協力こそが相互闘争を押しのけて、人類全体を進化させていく。

集団的相互扶助の組織単位としては、古くは種族（tribe）ないし氏族（clan）、やがて村落共同体（village community）や同業組合（guild）、さらに近代に至っては労働組合などが発達してきた。しかしながら、近代は同時に国家が強大化した時代でもあり、その国家が各種扶助組織を自らに従属させ圧迫してしまった。だが、それにもかかわらず最後には、人類の「相互扶助的傾向が国家の鉄則を破ってしまった」。こうして近代における相互扶助は発展してきた。

また、近代における利己心（私的利益）の解放に対しては、こう反駁する。「他人の欲望の如何にかかわらず、ただ無暗に自分の利益をのみ求めるのが近代生活の唯一の特性ではない（…）。いっさいの人事の支配者であると誇っているこの潮流の外に、相互扶助と相互支持との永続的諸制度を再建せんとする頑固な闘争が農工業者の間で行われている」。「国家の鉄則」を粉砕するというあたり、無政府主義者クロポトキンの面目躍如《めんもくやくじょ》たるところであり、自分の利益のみを求めるホモ・エコノミクスに対する批判も鋭い。また、当時のイギリスにおける協同組合、労働組合、政治団体はもちろんのこと、老人クラブ、医療クラブ、水難救済会、学習クラブ、スポーツクラブ、等々、大小多数の自発的な相互扶助組織（現代風にいえば非営利団体）にまで眼を届かせている。このように具体的にして同時に人類史的視野をもった相互扶助論を展開したのが、クロポトキンであった。

†互酬とコモンズ

社会的連帯経済は、第一セクター（市場）でも第二セクター（国家）でもない、第三の経済活動領域であった。つまり非市場・非国家の経済世界である。こうした経済的調整の形態は、社会的連帯経済なる用語に頼らずとも、すでに少なからぬ論者によって、それぞれの問題関心に応じてそれぞれの概念とともに提起されてきた。そのなかから以下、互酬（K・ポランニー）、コモンズ（E・オストロム）、社会的共通資本（宇沢弘文）、市民社会（J・ハーバーマス）、ホモ・レシプロカンス（S・ボウルズ）の五つについて簡潔にフォローしておこう。

まずはポランニーであるが、彼についてはすでに前章でもふれたので、ここでは重複を避けつつ、彼のいう「互酬」（reciprocity）に焦点を当ててみたい。もっとも「互酬」の語は彼の専売特許ではなく、文化人類学ではおなじみの概念である。そのうえでポランニーに特徴的なことは、互酬を、再分配や交換とならんで、経済を統合する一形態として位置づけたことであり、また、互酬・再分配・交換は、それぞれの相対的比重は異なりこそすれ、いかなる人間社会にも、したがって現代社会にも――対抗と補完をともないながら――共存している点を指摘したことである。

それぞれの統合形態についての典型的な歴史的事例を挙げれば、互酬は原初的《アルカイック》な共同体《コミユニテイ》（氏族、部族など）、再分配は強力な中心をもつ世界帝国、そして交換は近代の市場経済をもって代表させうる。ひとまずはそう言える。しかし三者は、どの経済社会にも共存しているのであって、例えば近代の市場経済では「交換」の比重がきわめて大きいとはいえ、だからといって「再分配」や「互酬」といった統合形態が消滅しているわけではない(4)。

これがポランニーの議論であるが、当面のわれわれの問題関心から整理すれば、市場‐交換、国家‐再分配という対応関係から類推するに、コミュニティ‐互酬という対応関係を描くことができる。つまり、非市場・非国家のコミュニティ領域ないし市民社会領域は、基本的に互酬（互恵、互助）という形態によって統合されるものということになろう。そして、現代社会における市民社会は互酬性を調整原理とするものであるが、ただしその互酬性はアルカイックな社会のそれでなく、近代社会における個人の自立や自治を踏まえたうえでの新しい互酬性の世界だと考えるべきであろう。それは利益や権力の追求とちがって「社会的紐帯の維持」、つまり人びとをつなぐ連帯の絆を確かなものにするという使命を持

っている。(5)

くりかえすが、互酬ないし互酬性とは、決して遠い過去やアルカイックな社会での話に終わるものではない。互酬は現代社会でも立派に根づいている。家庭内における愛にもとづく人間関係、無償の援助やサービス提供をはじめ、近隣間・知人間での助け合い、友人間のプレゼントのやり取りなど、日ごろの「善意」とそれへの「感謝」の互恵性（物的媒介の存否に関係ない）として、われわれはそれを日常的に経験している。そこでは「交換」とちがって、損得勘定ぬきの物心の交歓がなされており、それがわれわれの社会の不可欠な基層をなしている。互酬はまさしく現代において生きているのである。

第二に、ノーベル経済学賞を受賞したE・オストロムの『コモンズのガバナンス』を取り上げてみよう。(6)彼女の研究は、もちろん、アメリカの生態学者G・ハーディンの提起した、古典的かつ有名な「コモンズの悲劇」にかかわっている。(7)ハーディンによれば、私的生産者としての農民が共同利用のコモンズ（この場合は共有の牧草地）で自らの家畜を放牧すると、各農民は少しでも多くの家畜を放牧することが利益となるので、全体としては過放牧となり、やがて牧草地は荒廃して、全生産者が不利益をこうむることになる。「コモンズにおける自由は全員を破滅させる」、と。

この「悲劇」に対する解決策として通例提案されるのは、放牧を規制するか、共有地を多数の私有地へと分割するかである。国家規制か私有化か。公的なルール化か土地の市場化か。いずれの場合にも外部の国家権力に頼ることになるが、本当にそれが解決になるのか。また現場では本当に「市場」か「国家」かの選択がなされているのか。

この疑問から出発したオストロムは、世界各地の灌漑、入会地、漁場、地下水、等々、まことに多岐にわたる共的資源のガバナンスのあり方を実証的かつ理論的に検証した。得られた結論は、当面の関心に引き寄せたところでいえば、成功しているガバナンスは、市場か国家かの二項対立を超えて、直接当事者たちが集合的かつ自己組織的に行動することを抜きにはありえないということであった。「制度が私的なものと公的なもの、つまり「市場」か「国家」かのどちらか一方であるということはあまりない。多くの成功している共的資源制度は、単純な二分法でいうところの「私的なもの」と「公的なもの」が複雑に混じり合ったものである」とオストロムはいう。

そのような制度をつくりあげるために、当事者たちは繰りかえしコミュニケーションをはかっている。つまり市場や国家の役割は拒否しないが、成功の基本は、非市場・非国家的な自治的民主的組織があり、そこで不断にコミュニケーションと互酬性を成立させうる社会関係資本（social capital）というコモンズが形成されていることにある。

市場か国家かの二元論では「コモンズの悲劇」は解けない。この「悲劇」は非市場・非国家の互酬的自治組織なしには解決できない。これをR・ボワイエは「コモンズにおいて支配的なのは、市場と国家の伝統的対立からは最もかけはなれたところの、創意工夫ということなのである」と言う。[8] あるいは神野直彦はもっと端的に、「ハーディンの唱える「コモンズの悲劇」とは、コモンズが存在しない悲劇である。つまり、「分かち合い」という人間の共同社会そのものを形成できなかった悲劇だということができる」[9]と喝破する。オストロム、ボワイエ、そして神野においては、たしかに、非市場・非国家の社会的連帯経済のもつ固有の役割が確認されている。

†社会的共通資本と市民社会

前節につづいて第三として、宇沢弘文の社会的共通資本論を一瞥しておこう。自然環境や公害の諸問題を分析し解決しうる経済理論的な枠組みを求めて、宇沢は「社会的共通資本」（social common capital）という概念にたどりついた。[10] ただし、ひとたびこの概念を獲得すると、その概念はたんに自然環境だけでなく、さらに広く、人間のウェルビーイングに資する物的および社会的な装置にかかわるものへと拡大されていった。

つまり社会的共通資本とは具体的には、自然資本（大気、水、森林、河川、湖沼、海洋、土壌など）のみならず、社会的インフラストラクチャー（道路、交通機関、上下水道、電力・ガスなど）、および制度資本（教育、医療、福祉、金融、司法など）をも包摂するものとして概念化された。さきにみた「コモンズ」も、主として自然資本の一環として社会的共通資本に含まれる。また制度資本として「教育」「医療」が挙げられているが、これはウェルビーイング社会を考察するうえできわめて重要な指摘である。

宇沢が強調するのは、これらは社会全体にとっての共通の財産《コモンズ》として、社会的な基準に従って管理・運営されねばならないという点である。つまり社会的共通資本は、いわば社会的安定化装置であり、それゆえに国家意思によって官僚的に管理されたり、利潤追求のために市場的に管理されたりしてはならず、それぞれの職業的専門家によって、専門的知見にもとづき、職業的規範に従って管理・運営されねばならない。ここに「専門家」とは、いわゆる学識経験者なるものである以上に、現場をよく知る者たちのことであり、社会的共通資本は彼らによる自治的民主的組織ぬきにはうまく管理しえないのだという。

しかも専門家へのたんなる管理委託でなく、信任関係《フィデュシアリー》の原則のうえに信託され、信託された専門家は職務に対する忠実義務を負わねばならない。つまり信託を受けた専門家は、自らの私的利益を追求することは絶対に許されない。要するに宇沢は、社会的共通資本とその管理・運営のあり方の独自性を問うことによって、非市場的・非国家的な管理が必要な経済社会領域を摘出し、その決定的重要性を指摘したのである。

第四に、J・ハーバーマスの「新しい市民社会論」を見てみよう。ついでながら本書はこれまで「市民社会」という用語を多用してきたが、その概念的内包は二〇世紀末葉あたりから注目されるようになった「新しい市民社会論」のそれに従っている。それは、戦後日本で開花した「旧い」市民社会論とは内容を異にしている。とはいっても旧市民社会論が無効になったというわけでなく、両市民社会論は架橋されねばならないというのが本書の立場であるが、それについては最後にまわす。

新しい市民社会論は東欧市民革命の成功や各国におけるNPO、NGO活動の活発化を背景にして、主として政治学や社会学の分野で開拓されてきた議論である。(11) 代表的論客たるハーバーマスは新しい「市民社会」を"Zivilgesellschaft"という独自の造語をもって表現し、こう説明する。

近代を特徴づけるものとしてヘーゲルやマルクス以来慣例となっている‘societas civilis’〔政治的市民社会〕から‘bürgerliche Gesellschaft’〔経済的市民社会〕への翻訳とは異なり、Zivilgesellschaft という語には、労働市場・資本市場・財貨市場をつうじて制御される経済の領域という意味はもはや含まれていない。（…）Zivilgesellschaft の制度的な核心をなすのは、自由な意思にもとづく非国家的・非経済的な結合関係（Zusammenschluß／association）である。もっぱら順不同にいくつかの例を挙げれば、教会、文化的なサークル、学術団体をはじめとして、独立したメディア、スポーツ団体、レクリエーション団体、弁論クラブ、市民フォーラム、市民運動があり、さらに同業組合、政党、労働組合、オールタナティブな施設にまで及ぶ。（強調は原著者）

われわれの問題関心に従って二点のみ、指摘しておく。一つ目に、ここには経済社会把握における二分法（市民社会－国家のそれであれ、市場－国家のそれであれ）を拒否して、市場（＝経済）－国家－市民社会という三分法（三元構成）が押し出されている。「自由な意思にもとづく非国家的・非経済的な結合関係《アソシエーション》」の語は、国家でも市場でもない自治的な第三の経済社会領域の存在を指し示している。

二つ目に、市民社会は——伝統的な civil society でも bürgerliche Gesellschaft でもなく——Zivilgesellschaft というハーバーマス独自のドイツ語として表現され、それは非市場的・非国家的な第三の空間として、教会、文化サークル、等々の中間団体（アソシエーション）、ないしはその連合によって構成される公共圏を意味するものとされる。市民社会という経済社会領域が独自に存在することが確認されているのである。ただし、中心的な問題関心が政治学・社会学にあるせいか、それが社会的連帯経済とどこまで関連づけられているか、あまりはっきりしない。

†ホモ・レシプロカンス

最後に、最新の成果のひとつとしてぜひ見ておきたいのが、S・ボウルズやH・ギンタスらによる「ホモ・レシプロカンス」（互酬人）の経済学である。その著作タイトルを瞥見《べっけん》するだけでも、「互酬人」『協力する種——人間の互酬性とその進化』『モラル・エコノミー』といったように[12]、彼らは経済における「互酬」「協力」「道徳」の問題に光を当てる。彼らの基本的主張は以下のとおり。①「人びとは利己心だけのために協力するのみならず、他者のゆたかな生（well-being）に心から関心をもつ（…）がゆえにもまた、協力しあう」。②「われわれがそのような「道徳感情」をもつようになったのは、協力し倫理規範を維持するような気質をもった諸個人の集団が他の集団とくらべて生き残り拡大していきやすい環境のなかに、われわれの祖先が暮らしていたからである[13]」。

ボウルズらは経済社会認識において、経済人（利己心）を全面否定して互酬人（協力心と規範意識）に置きかえようとしているわけではない。ただ利己心一辺倒のうえに立った主流派経済学の妥当性を問題として、協力的人間ないし互酬人を対置したのである。この互酬人はたんなる利他心の塊ではなく、協力の成果へのただ乗り《フリーライダー》や非協力者にはペナルティを科すのであって、彼らのいう互酬人は「条件つきの協力者」なのである。その協力精神は長い年月をかけて成員間で学習され、さらには制度化されて確固なものとなってきた。

すなわち、とりわけ近代においてリベラルな社会秩序が形成され市民文化が堅固なものになるにつれて、法の支配が貫徹し、職業移動の自由が保証され、またリスク分散制度としての社会保険が発達してくる[14]。これらのいわば市場外の諸制度は、人びとをして狭い地縁血縁的信頼関係から解放して、見知らぬ人びとを含む一般的信頼関係を形成してゆく。つまり社会における普遍的規範が進化し、協力と互酬の精神が浸透していくのである。

そうした市場外的な制度による信頼と協力のみならず、ここからがきわめて独自ボウルズ的な視点であるが、協力や信頼は実は市場経済（商品交換）の発達のなかで——消失するどころか——次第に不可欠なものとなってくるのだという。つまり、品質が一定ないし予測可能な商品がスポットで取引される場合ならば、あえて言えば、取引相手への信頼などなくても、自ら求める商品の品質をそれなりに正確に見定めたうえで入手することは可能であろう。そこでは取引内容がすべて——成文的にであれ暗黙的にであれ——事前に了解ないし決定された契約、つまり「完備契約」(complete contract) が成立しうるからだ。仮に偽物をつかまされたことがわかったとしたら、それはたしかに後の祭りだ。ただし購買者は裁判に訴えるか、それともそのような相手とは二度と契約することはないであろう。

だが、商品経済の発達とともに、事はそう簡単には運ばない。すなわち市場経済の発達にともなって、労働力、信用、医療、教育、介護、保育、情報など、商品の品質（特にサービスの内容や巧拙）を事前に決定したり見きわめたりするのが困難な財・サービスが増加してくる。契約時には商品の性質やサービスの提供内容の詳細を事前に知るのが不可能な取引が登場してくる。例えば「労働力」商品について、その勤務態度の良否、職業的能力の発揮意欲、職場内協調性、計算や器用性などの能力、臨機応変能力などを事前に確定し契約内容に反映させることは不可能である。

しかも今後、そういった取引（主にサービス取引）こそが市場の重要部分を占めるようになる。経済のサービス化および知識経済化はこれに輪をかける。つまり「不完備契約」(incomplete contract) が主流となるのである。「契約が不在ないし不完備なところでは、アダム・スミスの見えざる手の論理はもはやはたらかない。分散的市場は効率的な資源配分をなしえなくなる」。

こうした「市場の失敗」を救うのは、人びとの間に醸成されている市民的な「信頼」「協力」「互酬」であり、つまりは「見えざる手」(invisible hand) でなく「握りあう手」(handshake) なのである。「完備契約という市場状態にある諸主体はアダム・スミス『国富論』のホモ・エコノミクスのように振舞いがちだが、契約が完備的でないときには、市場の諸主体の行動は幸いにもスミス『道徳感情論』にみる有徳の市民にいよいよ似てくる」[15]。このように、ボウルズらは、他の論者たちとは異なって、不完備契約のもとで市場が機能するためにはアクターたちの間での「信頼」や「協力」が不可欠となることを強調する。信頼や協力は市場の外にあるだけでなく、まさに市場の中からも形成されるのだ、形成されざるをえないのだ、ということである。

つまり彼らは、市場交換のなかに互酬的要素の胚胎を透視している。ホモ・エコノミクスの世界の真ん中にホモ・レシプロカンスの生誕を予見しているのである。ただし、どんな市場でもよいのでなく、「リベラルな市民文化」(liberal civic culture)に支えられた市場こそが、その役を果たすのだという。(16)市民社会にしっかりと根差した市場経済こそが、経済のサービス化や知識基盤化に耐えうるのであり、また逆に、情報経済化や知識社会化は市民的な信頼と協力があってこそ「ゆたかな生」をもたらす、ということでもあろう。

以上、この章ではクロポトキンを前置きにして、ポランニーからボウルズまで、いくつかの議論を見てきた。これらに共通しているのは、用語こそ異なれ、現代経済においても非市場・非国家の経済社会領域が厳存し、それが不可欠かつ重要な役割を果たしているということであり、その意味で経済社会は――市場および国家に加えて――この市民社会(社会的連帯経済)を含めて三元構成において把握されるべきことを暗示しているということである。そのなかでボウルズに至っては、市民社会に支えられた市場であれば、市場そのものがホモ・エコノミクス優位からホモ・レシプロカンス優位へと転換していく可能性をさえ見透している。もちろん彼は、さきに述べたように、市場外的制度のもつ意義を見逃しているわけではないが。

一見、市場万能、ホモ・エコノミクス万能とみえる現代資本主義といえども、互酬と協力の原理は、また互酬と協力の経済社会領域は、決して息絶えてはいないどころか、今後の経済社会の進路を左右する決定的要因をなすはずである。

第六章

経済のための人間か、人間のための経済か

†新しい社会的リスク

前の第四章および第五章では、ウェルビーイングそのものというよりも、それを論ずる前提となる議論として、広く「社会的連帯経済」と「互酬と協力の原理」について考えてみた。この上に立って、以後逐次、ウェルビーイングそのものへと論点を絞っていくことにしたい。

第三章でも少々ふれたが、資本主義は二〇世紀末葉、フォーディズムから新自由主義へと大きく方向転換し、いくつかの動揺をともないながらも現在に至っている。新自由主義はグローバリゼーションを推進し、そのもとで世界的には金融資本主義やプラットフォーム資本主義の支配を招き、世界的な貧富格差を異常に拡大した。各国内部においても貧富格差の拡大や経済社会構造の激変をもたらした。加えて現代資本主義は、情報経済化のその先に知識経済化へと向かおうとしており、人びとに高い知的・創造的能力の形成を要請している。これに応えられない人間は不安定低賃金労働や社会的脱落へと追い込まれていく。ここに「新しい社会的リスク」と呼ばれる社会問題が前面に出てきた。

もちろん、「古く」からのリスク（失業、生活苦など）が十分な形で克服されたわけではないので、それは依然として課題でありつづけている。しかし今日、女性労働者が著増して旧来の男性稼ぎ手モデルの家族形態が崩壊しているだけでなく、グローバリゼーション、デジタル社会化、知識社会化のもと労働編成や必要な技能が激変し、これに対応すべく教育や職業再訓練の必要性が高まっている。また日本をはじめいくつかの国では、少子高齢化や人口減少が進み、これにともなう年金財政の逼迫化、労働力の不足、各種産業の衰退が深刻化している。

他方、人口の都市集中と農村部の過疎化が同時進行し、全社会経済の基層をなすべき互酬と連帯のコミュニティは壊滅に近い状態となっている。これによって人びとの社会的絆は希薄化し、人間生活の孤立化や無縁化に拍車がかけられている。たんに物的な貧困というよりも、社会的人間関係が切断され、人間の潜在能力が自己実現に向かっても社会的貢献に向かっても十分に発揮されえないという「能力形成的かつ人間関係的な貧困」が生じているのである。それが「新しい社会的リスク」である。

いくつかの例をあげれば、雇用の非正規化と不安定就業、賃金・昇進における男女格差や差別、労働組合の衰退、単身世帯（非婚、独居老人）や母子家庭（非婚、離別、死別）の著増、貧困かつ独居の高齢層の増加、社会的孤立や社会的排除の深刻化、高齢化による介護負担、環境問題、等々、数えたらきりがない。とりわけ資本主義による市場経済化ひとつをとってみても、それはたんに市場の拡延と地域社会の崩壊をもたらしただけでなく、消費市場そのものの性質をいよいよ非人格的かつ無機的なものへと転換させ、それによって高齢者などの社会的弱者の孤立に輪をかけることになった。

†対人社会サービス

こうした事態はいずれも、たんに市場のみでなく経済社会全体において、「経済のための人間」つまり人間の手段視が先行して、「人間のための経済」つまり人間的発展こそが目的なのだという観点がなおざりにされた結果であろう。新しい社会的リスクのかなりの部分は、社会的人間関係の衰退や人間的能力形成の不備という問題にかかわっているのであり、したがってその改革のためには、諸個人による自発的な連帯組織の形成はもちろんのこととして、それを手助けする公的な「対人社会サービス」の充実が喫緊の課題となっている。

対人サービスとは、広い意味での「ケアワーク」といってもよかろう。広井良典によれば、「ケア」(care) の語には広狭さまざまな位相がある。それは「介護」―「看護」(―育児」

も）という最狭義に始まって、いま少しひろく「世話」「手入れ」の意味をもち、最広義には「配慮」「関係性」といった含意へと広がる。(1) ここに「関係性」とは、個体と個体の、あるいは人間と自然などとの関係性を含む。「対人サービス」はこの三相のすべてに当てはまるという意味で、まさに「ケア」とも換言されよう。

ところが、従来型の福祉国家はケアワークや対人社会サービスという課題にほとんど十分な対応ができていない。従来型福祉国家はともすると形式主義や官僚主義に陥っていて無機的画一的な対応しかできず、加えて、もっぱら貧窮者への現金給付、公的保険制度、福祉・教育施設などのハコモノ建設（それすらも現実には追いついていないが）で事態に対処しようとしてきた。福祉業務の市場移管も試みられているが、前述の宇沢弘文も言うとおり、福祉制度という社会的共通資本は本質的に営利市場にはなじまない。要するに集権的な福祉国家は今日、解決すべき新しい課題のために必要な新しい組織形態や社会関係資本《ソーシャル・キャピタル》の構築に対応できていないのである。(2) 人材育成とふさわしい待遇に後れをとっていることは、言うまでもない。

福祉を例にとってみたが、ほかにも医療、教育、文化、さらには国際開発や環境問題にかかわっても、国家や市場は適切な人的サービスの提供面で役割を果たしえないでいる。

「政府の失敗」「市場の失敗」はここにも現れている。

それのみでない。さきに触れた「新しい社会的リスク」は戦後日本の「標準家庭」モデルが崩壊した現れでもあり、いわば「家族の失敗」(3)をも意味している。「標準家庭」「標準世帯」とは、夫(稼ぎ手)、妻(専業主婦)、子ども二人(被扶養者)からなる世帯を指し、そこでは老親の同居は想定されていない。そしてこれが政府の家計調査や家族政策の基本モデルとされてきた。

しかし今や、そういった標準世帯は総世帯数の5%以下に低下し、夫婦のみ世帯、中高年親子世帯、ひとり親世帯(特に母子家庭)、単身世帯(特に独居老人)などが激増した。核家族はさらなる核分裂を極めているのである(やがては全世帯の半分近くが単独世帯になるという試算もある)。その結果、介護はもちろん、育児や教育といったケアの仕事は家族だけでは担えない。ますます進行するこの「家族の失敗」に、いや少なくとも「家族の変容」に、従来型福祉国家は十分対応できていないし、ますます対応できなくなる。

†人間による人間の生産

営利企業が支配する市場はもちろん、官僚的形式主義の国家もまた、教育・医療・福祉・文化など、「人間形成」「人間開発」にかかわる基礎的な対人サービスにおいて、これを「共助」「互助」「互恵」「信頼」という最も重要な精神と指針において遂行し、人びとがいだくニーズに対してきめ細かく丁寧に対応することができていない。加えて医療・教育・福祉サービスは、サービスの提供者と受け手の間には多くの場合、非対称的な人間的依存関係が存在するだけでなく（註1参照）、情報の非対称性も大きく、それによって重大かつ深刻な問題が発生しやすい。[4] それだけに、利潤原理や官僚主義ではなしえないところの、地域や個人の実状に即したきめ細かいコミュニケーションが必要とされている。

いわば市場の失敗、政府の失敗、家族の失敗が重なってくると、小回りのきく対人社会サービスの活動は絶対不可欠となってくる。そのさい、こまやかな需給調整にあたっては、これからは各種のデータ・プラットフォームの活用も必要となってこよう。そうしたものとしての対人サービスとは、いささか味気のない経済学的表現をつかえば「人間による人間の生産」と呼べる活動である。

具体的に考えてみよう。まずは「医療」。ここに医療とは、たんに医師らによる診察・治療行為だけでなく、もっと広く看護、投薬、保健、衛生、健康診査、介護・リハビリ（これは福祉とも重なる）、それに関係する事務機構やボランティア活動をも含む。そうした医療活動によってある人の健康が回復し、あるいは病気が予防されるということは、必要な機器や薬剤を媒介手段としつつも、結局は人間（医療関係者）による人間（回復した患者）の生産だと言ってよかろう。

次に「教育」であるが、これにはたんに学校教育だけでなく、職業教育、生涯教育、リカレント教育、放送教育、就学前教育、家庭教育、カウンセリングなども含まれる。その教育によって、知的能力、技術・技能だけでなく、人格性、創造性、社会性、愛情が涵養《かんよう》されるとすれば、これも人間（教育関係者）による人間（教育によって開発された受講者など）の生産である。

第三に「福祉」。介護、訪問介護、リハビリ、カウンセリング、高齢者や障がい者へのケア施設だけでなく、各種の生活保障制度（社会保険、生活保護など）は、人生におけるさまざまなハンディキャップやリスクを軽減ないし保障することによって、人びとの生活不安、健康不安、社会的孤立に対処している。それは互助・連帯の精神によって人間が人間にはたらきかけ、またそのなかで人間が人間として社会的に生きる希望を与えられるべき場である。

第四に「文化」。これにはきわめて広範かつ茫漠とした領域が含まれるが、学術、芸術、芸能、映画、演劇、書物、レクリエーション、スポーツなどを通して、探求心、感性、審美性、想像力、思考力、創造性、体力、精神力、協調性を育てつつ人間的成長が図られる場である。例えば音楽家や作家（人間）はその作品を通して聴衆や読者（人間）にはたらきかけ、後者の感性や創造力を喚起し人間的成長に寄与する。

「人間による人間の生産」を代表する活動はこれら四つに限定されるものでなく、どのような活動（職業）でも、その提供者は職業的能力が開発され、職業人はそのなかで人間的成長をとげていくのが一般的であろう。また一般に、職業活動の成果はそれを享受する者の厚生を高めるであろう。しかし、右に挙げた医療、教育、福祉、文化の四活動は、多くの場合、各種の機器や道具や作品を介在させてではあれ、人間が人間に対して、程度はさまざまではあるが、直《じか》に働きかける対面的活動である。だからその分、生身の人間対象を意識しつつ、生身の人間主体によるきめ細かいサービス提供が要請されている。また、それを媒介する柔軟な活動が必要となる。

そして同時に、これらは文字どおり「人間形成的」（anthropogenetic）な活動なのである。人間陶冶《とうや》的な活動である。銘記すべきは、この人間形成的部門が比重を増してくるとともに、第四章でみた非営利組織の活動の範囲は広がってくるということである。

図表 6-1　アメリカの部門別雇用比率の経年的変化

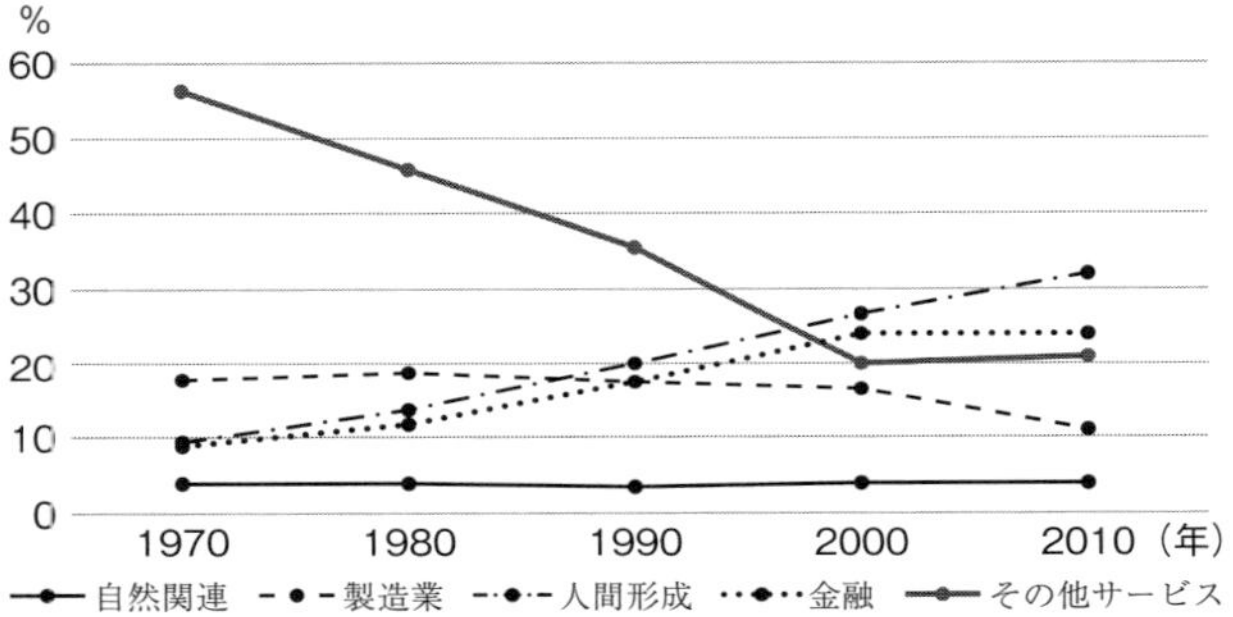

註：自然関連＝農業・鉱業，製造業＝建設・耐久財・非耐久財，人間形成＝教育・医療・娯楽，金融＝金融・対事業所サービス，その他サービス＝流通・輸送・その他

出典：U.S. Bureau of Labor Statistics, *Employment, Hours, Earnings* より作成.

比喩的にいうならば、現代資本主義の歴史は、「モノによるモノの生産」（製造業）から「カネによるカネの生産」（金融業）を経て、いまようやく「ヒトによるヒトの生産」（対人社会サービス）が基軸となる時代を迎えているのであろう。これからは「人間形成」が経済社会を主導すべき時代なのである。

このことは、アメリカの部門別雇用比率（図表6－1）の経年的変化からも見てとれる。一九八〇年代半ばに人間形成部門（教育・医療・娯楽）が製造業部門を上回って以降、それは金融業部門をも抑えてトップの雇用割合を維持し、しかも近年では人間形成部門と他の二部門との差は拡大傾向にある（図表中「その他サービス」は度外視する）。モノ、カネが

図表6-2　戦後日本の家計支出構造の推移（1955-2009年）

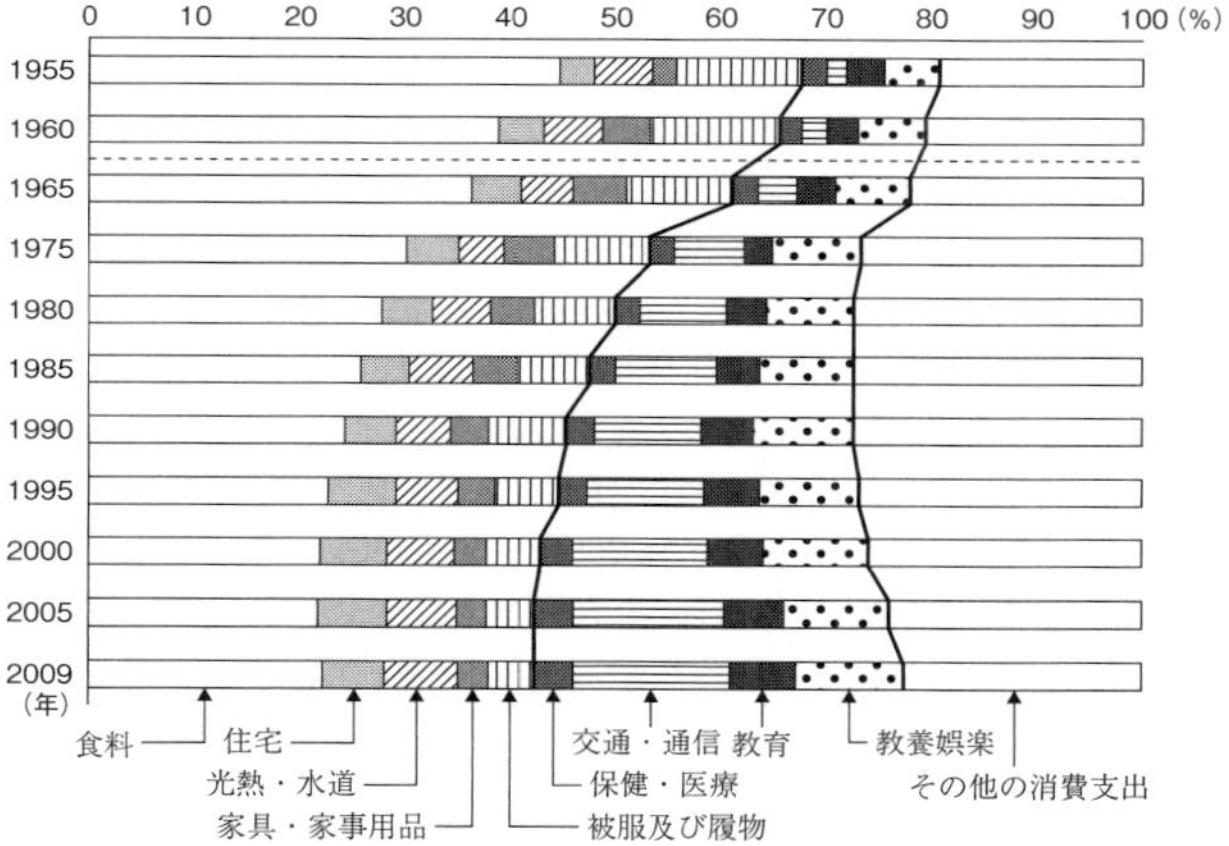

註：調査対象は2人以上の勤労者世帯（農林漁業世帯を除く）．1965年以降は全国，1960年以前は人口5万人以上の市のみが対象．分類に変更があるため，厳密には接続しない．
出典：総務省統計局「家計調査」を一部加工のうえ作成．

重きをなした時代から、ヒトが重きをなす時代へと移行しつつあるのだと言えよう。

あるいはまた、戦後日本の家計消費支出構成をみても、高度成長期直前には10％程度であった人間形成的支出（保健・医療、交通・通信、教育、教養娯楽）は、二〇〇九年には35％程度にまで、ひたすら増加の一途をたどっている。それは図表6－2が示すとおりである。図の左側は衣食住にかかわる物品への支出であり、いわば「モノ消費」支出である。対して、その右手の一群は、医療・交通通信・教育・教養娯楽など「人とのつながり」の深い消費であり、いわば「コト消費」である。モノ消費がある程度満たされると、コト消費への支出、すなわち人間形成的支出が重きをなすにいたる。(5) まして知識社会化が進んだ今日、世界的に「人間が人間に働きかける作業が増加している(6)」ことは容易に推察される。

†非営利セクターへの期待

衣食住がある程度みたされた今日、医療・福祉・教育・文化にかかわるサービス需要は、「健康で文化的な最低限度の生活」(憲法)を営むためにも最もベーシックなものとなってきた。これらはウェルビーイング(ゆたかな生)にとって必須のものとなった。そして、にもかかわらず、市場や国家、それに「失敗」した家族は、そのためのベーシック・サービスを提供できていない。まさにそこに、市民社会やコミュニティの出番があり、つまりは非営利団体《アソシエーション》(NPO)の出番がある。いや、出番以上に、それへの根源的要請があり、また社会的連帯経済のもつ特性が活きてくる理由がある。

加えて非営利団体は、たんに外的要請から生まれるだけでなく、現状を変革しようとする人びとの積極的主体的な判断と実践から、市民社会の内部から自発的主体的に発生して

図表 6-3　非営利セクターの支出シェア

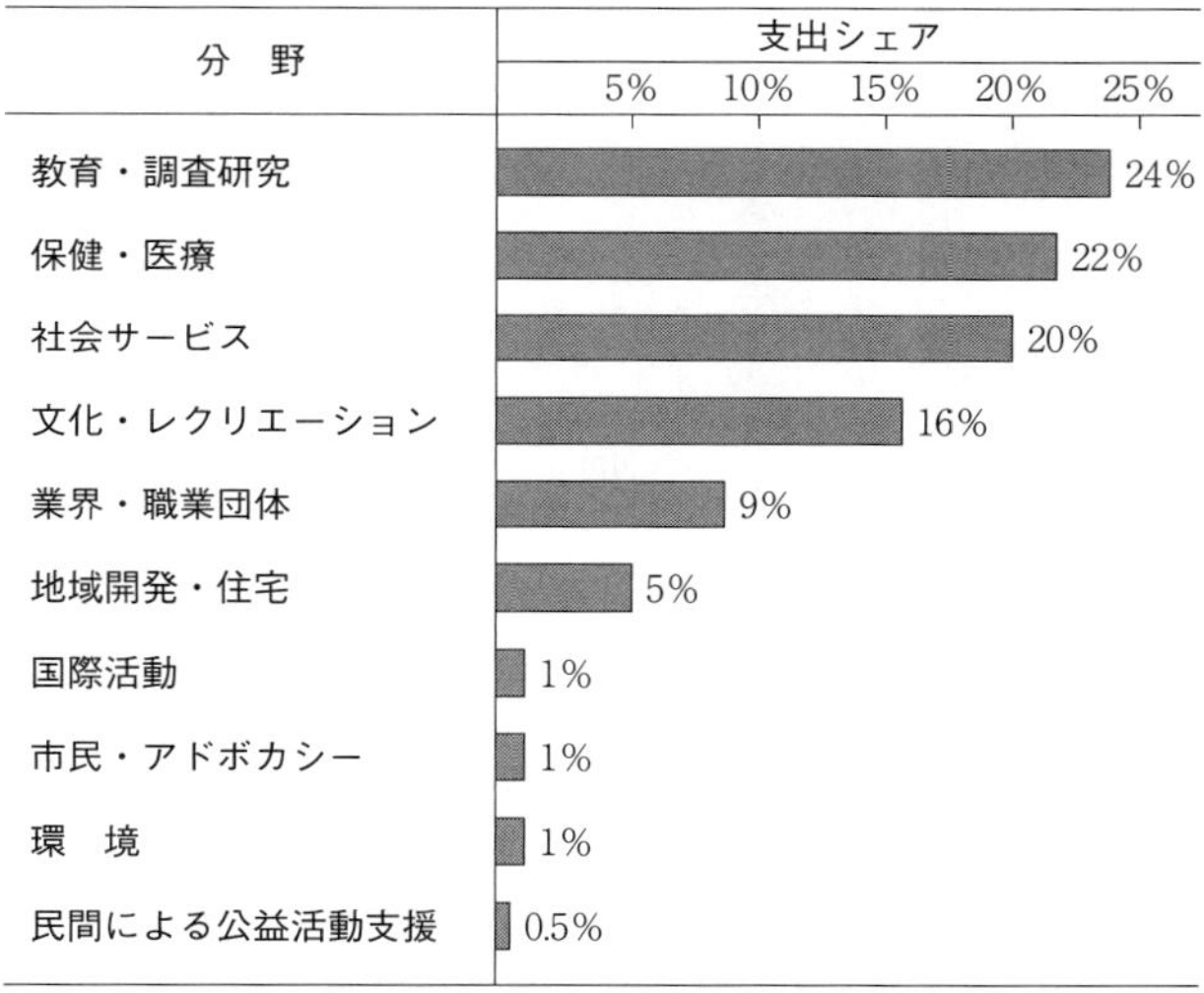

註：数字は 1990 年頃の米英独仏伊日およびハンガリーの 7 カ国平均.
出典：レスター・M・サラモン，H・K・アンハイアー『台頭する非営利セクター――12 ヵ国の規模・構成・制度・資金源の現状と展望』今田忠監訳，ダイヤモンド社，1996 年，59 頁.

くるものでもあろう。(7) いや、そうした自発的な主体性こそ、非営利団体の原点だといってよい。要するに人間形成的な対人サービスにあっては、他のセクターとくらべて非営利セクターは戦略的に優位な立場にあるのである。(8)

　非営利団体は一般に、オストロム的意味での自治的民主的組織であり、不断のコミュニケーションを組織していく（第五章参照）。それは、それぞれの現場に即しつつ草の根レベルで各種利害関係を調整しうる即応性と柔軟性に長けている。とりわけ情報の非対称性が大きいサービス部門では、非営利セクターの果たす役割は不可欠だといってよい。逆に非営利セクターの方も、その活動のほとんどは実は医療、教育、福祉、文化の四分野に集中している。

図表6－3は主要諸国にハンガリーを加えた七カ国の非営利セクターにつき、その支出内訳を見た古典的研究である。そこに見るとおり、支出面でみると右の四分野で非営利活動支出の82％を占めている。つまり非営利セクターは、医療（図表では保健・医療）、教育（同じく教育・調査研究）、福祉（社会サービス）、文化（文化・レクリエーション）といった人間形成的活動においてこそ、その持ち味を発揮しているのである。

ただしこの図表は、今日からみれば調査時点がいささか古いので、若干の修正が必要かもしれない。例えば自然破壊の深刻化とともに「環境」活動の比率が、また人権意識の高まりとともに「市民・アドボカシー（弱者の権利擁護）」活動の比率が、それぞれ高まっている可能性はあろう。しかし、少なくともこの七カ国平均でみるかぎり、医療・教育・福祉・文化という「人間による人間の生産」活動でこそ、非営利部門の本領が発揮されていることには変わりないであろう。非営利団体は人間形成活動において決定的かつ先導的な役割を果たしているのである。

第四章で見たように、社会的連帯経済には強みと同時に弱みもあった。弱点とは、地域的な組織であって大きな広がりをもたないこと、技術的イノベーションや生産効率の面で市場セクターに後れをとっていること、経済規模として小さく周縁的存在であることなどである。同じように、非営利セクターも美点ばかりではない。透明性が小さく実態が把握しにくいこと、法的保護が十分でなく正統性に問題があること、財政的困難や主体性の欠如から「国家の代理人」に堕す恐れがあること、ボランティア依存が過ぎて専門性に欠けることなどである(9)。

にもかかわらず、人間形成という観点から非営利セクターを見るとき、現代経済においてそれが果たす役割はきわめて大きい。非営利活動を通して、その提供者も受益者も、ともに「経済のための人間」観を脱して「人間のための経済」観を共有することによって、人間的に成長し、自らを変革していく可能性がある。例えば「介護」という人間形成的活動ひとつをとっても、たんに官僚主義的な政府セクターや商業主義的な市場セクターに任せるのでなく、顧客のニーズに柔軟かつ互恵・協力の精神でもって対応でき、もって「ゆたかな生」により多く貢献できる非営利セクターの介在が強く要請されていることだろう。

「人間」を手段化するのでなく自己目的としないかぎり、介護という活動は意味をなさない。

介護を受ける老齢者は、定期的に食事を与えられ、定期的に汚物の処理をされることだけを望んでいるのではない。そうした機会を通して交わされる人間的触れ合いをこそ求めているのではないか。その点では、定期的に企業が請負って実施するビジネスよりも、人生を共にしてきた人々による人間的触れ合いの方が質が高いことは明らかである。したがって、インフォーマル・セクターやボランタリー・セクターの協力は、質の高い公共サービスの供給に道を開くことになるだろう。(10)

†非営利セクターと人間形成

非営利セクターによる人間変革という点を最も強調するのは、早くからNPOやサードセクターの決定的意義に着目していた経営学者P・ドラッカーである。二、三の印象的な章句を紹介しよう。

サードセクターの組織すべてに共通するものは何か。それは人間を変えるという目的である。これが最近ようやく認識されるようになったサードセクターの共通点である。（…）したがって、サードセクターの組織は、人間改革機関こそふさわしい呼び名である。[11]

社会サービスは、救済サービスと異なり、コミュニティを変革し、人間を変革するものである。（…）これからの数十年間、この社会サービスがますます必要となる。

企業は財とサービスを供給する。政府はコントロールする。企業は、顧客が買い、払い、顧客のニーズが満たされたとき役割を果たす。政府は、自らの政策が意図した成果をもたらしたとき役割を果たす。非営利組織は、人を変えたとき役割を果たす。非営利組織が生み出すものは、治癒した患者、学ぶ生徒、自立した成人、すなわち変革された人の人生である。（…）非営利組織こそコミュニティである。しかも、それは一人ひとりの人が成果をあげ、自己実現することを可能にする。

「人間を変える」。ヒトがヒトにはたらきかけて、相手を人間的に向上させる。相手の健康、能力、人格、感性、社会性などを高めてゆく。それはまさしく人間変革である。それを通して、はたらきかける側も人間的に陶冶されることであろう。

例えば医療。医療による健康の回復（人間変革）は、回復した患者の喜びと能力アップはもちろん、医療提供者の側にも喜びと専門的かつ人間的な成長をもたらすことであろう。例えば教育。教師による教育提供は生徒の学力や創造力の向上（人間変革）をもたらすだけでなく、教師側にも喜びと人間的成長を届けてくれるであろう。「教えるとは希望を語ること　学ぶとは誠実を胸にきざむこと」（L・アラゴン「ストラスブール大学の歌」より）。そんな詩が思い起こされる。つまり医療も教育も、「人間を変える」サービス活動なのである。

同じことは、医療や教育ほど明確でないかもしれないが、福祉や文化など、他の人間形成的活動にも見られるはずである。そういった人間形成的活動の成果はGDPでは表現しえない。病気から回復し健康を取り戻したこと自体が成果であって、その成果を貨幣計算することなどできない。「健康回復のGDP効果はいくら」などと言った途端に、それはもう医療活動の真の成果ではなくなるし、ウェルビーイングとは無関係なものとなる。教育、福祉、文化による「人間形成」も、それによる人間的成長や社会的連帯ということそれ自体が成果であって、それをGDP的に貨幣換算することなどできない。否、むしろ貨幣換算することなど無意味なことだとされなければならない。

そうなってこそ「経済のための人間」という社会を脱して、「人間のための経済」という社会が到来する。人間変革は経済変革を、そして社会変革を意味する。そうした変革の先に見えてくるものこそ、諸個人の「ゆたかな生」すなわちウェルビーイング社会である。その意味でウェルビーイングへの道は、NPOなど市民社会組織の活性化なしにはありえない。サードセクターはウェルビーイングへの先導役をなす。

第一章でみた企業、各国政府、国際機関におけるウェルビーイングへの関心の高まりも、その地道な前提として、非営利諸団体による長年の「下から」の活動を抜きにはありえなかったことだろう。アソシエーションによる共助の活動は、とりわけ非営利団体と政府のパートナーシップによる共同事業は、国家による「上から」の公助のあり方をも改革していく可能性を秘めている。こうして第三セクターは第二セクターを変えていく。それに加えて、市民社会組織が訴えてきたフェアトレード運動（対途上国貿易において強国は買いたたきなどすることなく、公平・公正な取引をし、またそれを市民が監視すること）やESG投資（環境・社会・ガバナンスへの配慮を重視する企業への投資）は、またマスコミなどで盛んに取り上げられるようになったウェルビーイング経営は、市場や企業のあり方を前向きに変えていく可能性がある。つまり第三セクターは第一セクターをも変えていく。そういった可能性がある。

第七章　ウェルビーイングをどう測るか

†ウェルビーイング測定への試行

ＧＤＰはその計測に問題を残す概念であった。一人当たりＧＤＰは「国民のゆたかさ」を表わすものとされたが、それが仮に富のゆたかさを示すものであったとしても、しかしそれのみでは生のゆたかさ（生活の質や生活満足度）を意味しはしない。所得が一定程度以上に上昇すると、所得は必ずしもそれに応じた生活の満足をもたらしはしなくなるのだ。としたら、各国政府や国際機関は、ＧＤＰとは別に、あるいはＧＤＰを超えて、何を政策目標として設定したらいいのだろうか。私たち一般市民はどういうゆたかさを求めて行動したらいいのだろうか。いや、政策や行動以前に、ゆたかな生とは具体的に何がどうなることを指すのか。その指標は何か。

こうしてゆたかさの問題は、一人当たりＧＤＰ云々から、ウェルビーイングの中味は何であり、それをどう測ったらいいのかという問いに行きつく。ウェルビーイングを構成する諸要因を検討し、可能ないし必要であればそれらを定量化することだ。要するに尺度づくり、指標づくりが課題となってくる。

そういう関心から二〇一〇年代以降、各国各機関で新しいゆたかさ指標の作成に向けていっせいに取り組みが始まった。第一章で瞥見したスティグリッツ報告書やOECD幸福度白書はもちろんのこと、EU2020戦略、国連の世界幸福度報告といったように、国際機関はこぞって各種の指標を考案しはじめた。また各国政府でも、主要国民指標（米）、国民幸福度計測（英）、幸福度指標試案（日）を作成するなど、さまざまな試行がなされている。(1)そこから主要なものをピックアップし、これに先駆的な国連の人間開発指数を加えてみれば、図表7-1を得る。

この表にみる各種指標のうち、以下では人間開発指数（UNDP）、世界幸福度報告（UN）、ベターライフ・インデックス（OECD）の三者にしぼって、それぞれにつき、ウェルビーイング計測上の特徴点を取り出しておきたい。さきにはGDPは不完全な尺度だと言ったが、実はウェルビーイングの諸尺度もそれ以上に不完全なものであり、形成途上のものである。ある一個の計測法でウェルビーイングのすべてが表現できるなどというには、いささか時期尚早である。

とはいえ、各種計測法の特徴を整理してみると、それはたんなる計測技法の問題を超えて、それぞれの計測法が暗に前提としている将来社会構想が垣間みえてくることだろう。統計と世界観は切っても切り離せないことがわかるはずである（第一章参照）。

図表 7-1　GDP に代わるウェルビーイング指標の模索例

機関・国名等	プロジェクト	開始年	主要包括項目	主要な特徴など
国連開発計画（UNDP）	人間開発指数（HDI）	1990	長寿，教育，1人当たり GDP．のちに不平等度をも勘案	単一の統合指標への集約
経済実績・社会進歩計測のサルコジ特命委員会	スティグリッツ報告書	2009（2010 出版）	GDP の問題点を指摘のうえ，生活の質，物質的条件，不平等度，持続可能性を重視	単一の統合指標への集約をせず，個別指標群のダッシュボード表示
EU2020	ヘッドライン・ターゲット	2010	生活の質，持続可能性	EU 長期戦略の正式目標，GDP 成長を目標としない
経済協力開発機構（OECD）	ベターライフ・インデックス（BLI）	2011	生活の質，物質的生活条件，持続可能性にかかわる 15 の項目	15 指標を提示のうえでその選択や指標間の重みづけは利用者にゆだね，単一の統合指標への集約をしない
国連（UN）	世界幸福度報告（WHR）	2012	主観的幸福感の測定とそれを規定する要因の分析	キャントリルラダー値による各国の順位づけ，高得点の北欧と低得点のアジア・アフリカ
アメリカ	主要国民指標（KNI）	2003	教育，医療，環境	単一の統合指標への集約をしない
イギリス	国民幸福度計測	2010	経済パフォーマンス，社会進歩，環境，教育など 10 項目	――
日本（内閣府）	幸福度指標試案（研究会報告）	2011	経済社会状況，健康，関係性，持続可能性	主観的幸福感とそれを支える各種要因の分析，単一の統合指標への集約をしない

出典：「内閣府各種幸福度測定」2011 年．福島清彦『国富論から幸福論へ――GDP 成長を超えて暮らしの質を高める時代』税務経理協会，2011 年．「幸福度に関する研究会報告」2011 年．OECD, *How's Life? 2017* をもとに作成．

付け加えていえば、GDPはあれほどに欠陥の多い概念であったにもかかわらず、これを抜きにウェルビーイングは語れないのが現状である。GDP要因は欠陥があっても、やはりウェルビーイングの計測において不可欠なのである。それはウェルビーイングにとって、目的そのものではないが、目下のところ欠かせない手段をなす。十分条件ではないが、必要条件のひとつをなす。ウェルビーイング指標はGDPを相対化することはできても、これを完全に廃棄することはできない。両者はそんな関係にある。

†UNDP「人間開発指数」

社会的インフラストラクチャーへの物的投資を中心とした経済開発中心主義が、はたして低開発諸国を真に発展（開発）させることにつながるのか。道路や橋梁や港湾の建設・整備は、そのまま途上国での貧困の根絶や不平等の是正につながるのか。そのような反省のうえに立って、長年、途上国支援にたずさわってきた国連開発計画（UNDP）は、開発の中心課題を「経済開発」から「人間開発」へと転換させた。一九九〇年のことである。(2) そこには「ウェルビーイング」の語こそ表《おもて》に出ていないが、「人間開発」（人間の発展）の語によって、事実上、ウェルビーイング（ゆたかな生）追求への志向が早期的に表明されている。GDP成長に尽きない社会発展のあり方が模索され、そのための指標が示されている。A・センの潜在能力論《ケイパビリティ》に啓発されつつ、パキスタンの経済学者マブブ・ウル・ハクによって考案された「人間開発指数」(human development index：HDI)は、GDPに代表される国民経済計算的なものから人間中心的なものへと開発の基軸を転換させるべく、次のような具体的にして簡潔な指標を定式化した。

人間開発指数＝平均寿命指数＋教育指数＋GDP指数

つまり「ゆたかな生」とは、健康で長寿であること(出生時平均余命で測る)、知識が豊富なこと(成人識字率と総就学率で測る)、人間らしい生活ができること(一人当たりGDPの対数値で測る)、――この三つが満たされることである。これらをどう指数化するかの詳細は省くが、(3)三つの指数はそれぞれ0と1の間におさまるように調整されるので、その全体を3で除した値が人間開発指数となる。したがって人間開発指数は0＜HDI＜1の値をとり、1に近いほど人間開発が進んでいることになる。(4)

では具体的に、この指数は各国ごと、そして経年的に、どのような推移を示しているのか。UNDPは世界各国についてその指数を毎年公表している。そのすべてを網羅的に紹介しても意味がないので、ここではそのうち、①まずOECD加盟国のなかから五カ国を選び出して、指数の経年的変化を追ってみる。五カ国とは、B・アマーブルによる資本主義の五類型分類を代表する諸国とする。つまりアメリカ（市場ベース型＝アングロサクソン型）、ドイツ（大陸欧州型＝中西欧型）、スウェーデン（社会民主主義型＝北欧型）、イタリア（地中海型＝南欧型）、日本（アジア型）である。[5] ②次に躍進著しいといわれるBRICsの四カ国を見る。③さらに対象となった世界一八九カ国中、HDIの最高値国と最低値国の数字を示す。④最後に世界平均を掲げる。結果は図表7－2に示される。

ご覧のとおり、人間開発指数は世界各国とも毎年上昇しており、このかぎりで見たウェルビーイングは世界のすべての国で高まりつつある。ただし個別の国では、この値が低下する時期もあり、例えば二〇〇〇年のロシアがそれである。これは旧ソ連崩壊後の経済的社会的混乱のゆえであろう。また、この図表には載っていないが、二〇二〇〜二一年には新型コロナ感染症の流行のせいで、HDIが低下した国もある。

主要OECD諸国のHDIは、イタリアを例外として、一九九〇年代の0・8台から二〇一〇〜一五年には0・9台に突入し、世界で最も高いウェルビーイングを実現しつつあ

図表 7-2　人間開発指数の動向（1990〜2019 年）

2019年時点での世界順位	国　名	人間開発指数					HDI の年平均上昇率 1990-2019
		1990	2000	2010	2015	2019	
①　主要 OECD 諸国							
6	ドイツ	0.808	0.876	0.927	0.938	**0.947**	0.55%
7	スウェーデン	0.821	0.903	0.911	0.938	**0.945**	0.49
17	アメリカ	**0.865**	0.886	0.916	0.921	0.926	**0.24**
19	日本	0.818	0.858	0.887	0.908	0.919	0.40
29	イタリア	0.776	0.838	0.879	0.882	0.892	0.48
②　BRICs 諸国							
52	ロシア	0.735	**0.722**	0.781	0.809	0.824	0.39
84	ブラジル	0.613	0.685	0.727	0.756	0.765	0.77
85	中国	**0.499**	0.588	0.699	0.739	0.761	**1.47**
131	インド	**0.429**	0.495	0.579	0.624	0.645	**1.42**
③　最高値国と最低値国（2019 年時点）							
1	ノルウェー	0.849	0.915	0.940	0.947	**0.957**	0.41
189	ニジェール	0.220	0.262	0.331	0.372	0.394	2.03
④　世界平均							
	世界	0.601	0.644	0.699	0.724	0.737	0.71

註：太字の数字は本文中で言及対象となっているもの．
出典：UNDP, *Human Development Index trends, 1990–2019*（https://hdr.undp.org）を抜粋・編集のうえ作成．

る。ただし、そのなかでアメリカのＨＤＩ成長率が目立って低い（年率０・２４％）。これには出発点（一九九〇年）で世界最高値を記録しており、その後の伸びしろが相対的に小さいという事情もあろうが、それにしても同国は比較的高いＧＤＰ成長率を記録していることを勘案すると、両数字の好対照は興味ぶかい。ゆたかな富を実現しているのに、人間の開発はそれとは別物だということか。

また、世界最低値のニジェールを別とすれば、一九九〇～二〇一九年の三〇年間を通して、ＨＤＩの上昇率が最も高いのは、中国とインドである。この両国は高いＧＤＰ成長率でも知られているが、同時にＨＤＩ成長率も高い。これは、ＧＤＰの高成長そのものがＨＤＩの成長に寄与しただけでなく、この期間、平均寿命や教育も向上してＨＤＩを押し上げたものと思われる。このＨＤＩは不平等要因を考慮していない数字なので割り引いて理解しなければならないが、少なくとも中国とインドでは、ＧＤＰ成長（ゆたかな富）は――寿命と教育に限っての話だが――ウェルビーイング（ゆたかな生）の急速な向上につながったわけである。それほどに、当初の一人当たりＧＤＰもＨＤＩも低かったということでもあろう。

この図表からは読みとれないが、報告書の元の表でみると、ＨＤＩの上位には多くのヨーロッパ諸国が顔を出している。例えば上位五〇カ国中の五分の三以上は欧州諸国であり、とりわけ北欧五カ国（ノルウェー、アイスランド、スウェーデン、デンマーク、フィンランド）はすべて一一位以内に入っている。GDP、寿命、教育の三要因のみからなるHDI指数――つまり固有の福祉・文化を除外した指数――で見るかぎりでも、ウェルビーイングにおける北欧諸国の高い到達度が推し量られよう。逆にアジア、アフリカ、中南米の諸国のスコアは概して低い。

†人間開発指数の長所短所

以上、図表7－2から読みとれる「人間開発」の現状を摘記したが、この指標はウェルビーイングの指標としてはどのような特徴をもつのであろうか。その長所短所を含めて列挙しておこう。

①HDIでは、各国各年別に人間開発の到達度が単一の統合化された数字で提示され、ウェルビーイングについての国際比較や一国の経年的比較が容易となる。簡素であるがゆえの便利さと、それゆえの一面性をもつことになろう。

②GDPも単一の数字で示されたが、このHDIはGDPよりも多くの情報（平均寿命や教育）を含めたうえで、なお単一の数字に統合化しており、経済的要因に尽きないウェルビーイング指標に向けて一歩前進している。

③HDIを構成する三つの指標は、統計調査制度さえ整備されていれば、いずれも客観的に測定・算出可能なものであり、したがってHDIは客観的ウェルビーイング（そのすべてではないにしても）を表現している。逆にいえば、主観的ウェルビーイング（当事者のみが知る幸福感などの心身状態）は視野の外にある。

④客観的ウェルビーイングは——のちにOECD「ベターライフ・インデックス」の節で見るように——かなり多くの要因から構成されうるが、HDIはそのうち寿命や教育など、潜在的人間能力の形成と発揮にかかわる面——しかもその一部——のみを採用している。前章までの議論でしばしば指摘したように、人間のウェルビーイングにとっては「能力形成」のみならず「紐帯形成」（社会的な絆）の役割も大きいが、HDIは家族・親族・友人・連帯組織を含む社会的人間関係がもたらすゆたかな生といった側面を無視している。もっともそれは、途上国では地縁血縁的紐帯が緊密であり、あえてこれを問う必要がないからだ、ということかもしれない。

⑤ＨＤＩではＧＤＰ要因（一人当たりＧＤＰ）は全体の三分の一の比重を占めるにすぎず、相対化されている。いや、たんに相対化というよりも、ＧＤＰ要因はさきに触れたように、目的としての能力発揮（寿命、教育）に必要な手段として位置づけられているようにみえる。潜在能力発揮の選択幅の尺度として、高い所得は長寿と高教育を実現するための礎石をなし、それだけ高く広い能力発揮の機会をもたらすのだということだろう。その意味をふくめて、ＧＤＰ成長そのものはもはや最優先の目的ではなく、むしろ他の目的のための手段としての指標となっている。

⑥ＨＤＩが近接しうる最大値は１であるから、すでにこれが０・９５前後の国（ノルウェー、ドイツ、スウェーデンなど）は、もはや改善の余地がごく小さくなっている。一般に少なからぬＯＥＣＤ諸国は０・９台を記録しており、ほぼ同様なことが言える。では、これら諸国はウェルビーイングにおいて完璧に近いと言えるか。否、である。数値が高くなっている原因は、人間開発指数を構成する要因の限定性によるものであって、つまり、ＧＤＰ要因を別にすれば、長寿と教育（とくに識字率）しか採用されていないことにある。これら諸国では、相当程度の長寿が実現し、成人識字率もほぼ１００％であろうから、「完璧に近い」かのように見えてしまう。ＨＤＩの成立経過が途上国開発支援にあった

から半ば当然の結果であるが、それにしてもそれをいわゆる先進国にも適用する場合には、例えば長寿や識字率に代えて別の項目と差し替えることが検討されてもよい。すでに不平等度を調整したIHDIも考案されているが、その他の項目を追加することが考えられてもよい。

†UN「世界幸福度報告」

人間開発指数は三つの客観的要因(GDP、寿命、知識)を合成することによって、ウェルビーイングを単一の数字に統合化して指標化するものであった。その長所短所は右にみたとおりであるが、ひとつの重要な欠落は主観的ウェルビーイングを無視していることにある。

たしかに主観的幸福感は測定がむずかしい。しかし、各自が感じている幸福の程度を、例えば0〜10の一一段階(キャントリルラダー)のうちどれに当たるかについて自己申告するといったアンケート調査を利用すれば、主観的ウェルビーイングの定量的測定に、完全とは言えないにしても、ある程度は切り込むことができる。その値はいろいろな条件によって左右されるので信頼度に問題はあろうが、まずは第一次的方法として、これによって主観的ウェルビーイング――つまりこの本でいう「幸福」（happiness）――に接近してみるのがよかろう。

国連（UN）の関連団体「持続可能な開発ソリューションネットワーク」（SDSN）は二〇一二年以来、そのような考え方にもとづいて「世界幸福度報告」（World Happiness Report：WHR）を発表している。[6]統計的な基礎資料は米ギャラップ社の調査をもとにしている。人間開発指数では主観的ウェルビーイングに目が届いていなかったが、このWHRはまさにその主観的ウェルビーイングに焦点を当てた幸福度測定を行い、その世界的ランキングを発表している。たんに得点指数だけでなく、その指数値に寄与したのはどんな客観的条件なのかをも問題として、回帰分析によって寄与項目と寄与度を算出している。膨大な報告資料のなかから、当面の関心に応じて一部の国につき抜粋・編集したのが、図表7-3である。

図表中、①のOECD諸国については、さきの図表7-2と同じく、同じ資本主義といっても異なった類型を示すアマーブル的分類に従って五カ国を選んだ。スコアにかんして言えば、北欧スウェーデンの高さと日本の低さが好対照をなしている。日本はいわゆる先進国のなかでは国民の幸福度（幸福感）はごく低い。[7]②のBRICs諸国のなかでは、ブ

図表 7-3　主要国の主観的幸福度とその寄与要因（2024 年版）

順位	国　名	幸福度指数	幸福への寄与要因（寄与度の大きい順に）
①主要 OECD 諸国			
3	スウェーデン	**7.344**	GDP 福祉 選択自由 健康寿命 寛容度 腐敗認識
24	アメリカ	6.725	GDP 福祉 健康寿命 選択自由 寛容度 腐敗認識
25	ドイツ	6.719	GDP 福祉 選択自由 健康寿命 寛容度 腐敗認識
42	イタリア	6.324	GDP 福祉 健康寿命 選択自由 腐敗認識 寛容度
52	日本	**6.060**	GDP 福祉 健康寿命 選択自由 腐敗認識 寛容度
② BRICs 諸国			
45	ブラジル	**6.272**	GDP 福祉 選択自由 健康寿命 寛容度 腐敗認識
61	中国	5.973	GDP 福祉 健康寿命 選択自由 腐敗認識 寛容度
63	ロシア	5.785	GDP 福祉 選択自由 健康寿命 寛容度 腐敗認識
127	インド	**4.054**	GDP 選択自由 福祉 健康寿命 寛容度 腐敗認識
③最高値２国と最低値２国			
1	フィンランド	**7.741**	GDP 福祉 選択自由 健康寿命 腐敗認識 寛容度
2	デンマーク	7.583	GDP 福祉 選択自由 健康寿命 腐敗認識 寛容度
143	レバノン	2.707	GDP 福祉 健康寿命 選択自由 寛容度 腐敗認識
144	アフガニスタン	**1.721**	GDP 健康寿命 寛容度 腐敗認識

註：太字の数字は本文中で言及対象としたもの．幸福度指数＝自らの幸福度がどの程度かを 0〜10 の 11 段階で各自が回答した値の国別平均値．「幸福への寄与要因」中の諸項目の説明については本文を参照のこと．
出典：*World Happiness Report 2024.*

ラジルの好成績とインドの不成績が対照的である。③の最高値国（フィンランド）と最低値国を比較すると、幸福感のあまりに大きな開きに驚きを禁じえない。

幸福度指数が極端に低いアフガニスタンについては、とりわけ注目すべきだ。同国は、大国の利害のゆえ半世紀近くにわたって幾次もの戦乱に翻弄され、そのあげく今はタリバン政権下にある。低幸福の原因が物質的貧困にあるのはもちろんだが、この表から読みとれるのは、他の諸国とちがって、福祉（社会的支援）および選択自由（人生進路の自己決定）がまったく機能していないことも低幸福につながっているということである。なお、国別でなく地域別の話になるが、戦禍のウクライナ東部地帯やパレスチナ・ガザ地区では、幸福度の数字すらも出せない状況に陥っているはずだ。

図表からは読みとれないが、右とは逆に、ヨーロッパ諸国の幸福度は高く、上位五〇カ国中二八カ国は欧州勢が占める。とりわけ北欧五カ国（前記参照）はすべて上位八位以内にある。次いで興味深いのは、上位五〇カ国中に、ブラジル、メキシコ、アルゼンチンをはじめとして中南米諸国が一〇カ国登場することである。GDPや公的福祉が格別に高水準にあるとは思えないこれら諸国における幸福度の高さは、図表7-3に示した六つの説明変数以外の要因（例えば人的気質、家族親族関係、いわゆる文化的伝統など）の存在を暗示している。

　では、こうした幸福度指数のちがいをもたらしている客観的要因は何か。図表の右側の欄には、それが寄与度の大きな順に列挙されている。いずれの国においても「ＧＤＰ」（一人当たりＧＤＰの対数値）がトップの位置にある。ただし、そのもつ意味はちがう。すなわち高所得国では、ＧＤＰは他の項目（例えば福祉＝社会的支援や人生選択の自由）を実現するための「手段」（必要条件）だという意味で第一位の位置にある。しかし低所得国では、ＧＤＰ成長は生理的生存や生活安全を確保するために必須な「目的」そのものとしての意義をもつ。

　これ以外では、「福祉」（これは「社会的支援」の略記表現と理解されたい）、「選択自由」（人生の進路の選択幅の広さ）、「健康寿命」（医療・介護による恒常的支援なしに自立的な生活ができる期間）、「寛容度《ジェネロシティ》」（社会的慈善活動への参加・貢献の程度）[8]、「腐敗認識」（政治的社会的腐敗の少なさであり、換言すれば政府への信頼度）が、幸福度の説明変数として挙げられている。ＧＤＰを含めて、いずれもひとまず客観的な指標である。繰りかえすが、ＷＨＲは、幸福度という主観的なものを可視化し、それをいくつかの客観的要因によって説明する試みなのである。

†幸福度指数からの教訓

図表中の寄与要因は、ＧＤＰ（幸福の物的・貨幣的基礎手段）を別にすれば、多くの国で社会的支援（社会福祉など）から腐敗認識（政府への信頼度）まで、五項目が並んでいる。どの国も社会的支援、選択自由、健康寿命が比較的上位を占め、寛容度、腐敗認識がこれらにつづく。しかし、当面の問題にとっては、これら五項目の順位やその国別相違はそれほど大きな問題ではない。五項目の存在自体に注意を向けたい。

すなわち、この五項目を整理すれば、①社会的支援、寛容度、腐敗認識のグループと、②健康寿命、選択自由のグループに分類することができる。①はそれぞれ、社会福祉に代表される社会的連帯、社会的慈善活動や市民活動への積極的参加、政治的腐敗などへの不満が少なく政府信頼度が高いこと、と言いかえられる。②は健康寿命の延長による肉体的精神的諸能力の形成・発揮機会の増大や、進学機会や職業選択の自由による能力の形成・発揮の広がりを意味する。

要するに、①は「紐帯形成[9]」、②は「能力形成」という概念に集約されるのである。このことのうちには重要な教訓が秘められている。

第一に、さきの人間開発指数では、ウェルビーイングを構成する要因が「能力形成《もちあじ》」に偏したところで捉えられていた。それに対してこの幸福度指数では、それが「能力形成」だけでなく「紐帯形成《つながり》」をも包含して視野的に広がっている。さきの人間開発指数が途上国支援のあり方を改革する目的で考案され、その途上国では地縁血縁的紐帯（その内実的な良し悪しは別にして）にはそれほど事欠かないという現実を考慮すれば、人間開発指数のこうした特徴も理解できないわけではなかった。しかし、これを世界各国にまで適用する段になると、やはりウェルビーイング指標としては一面的だということが、あらためて判明する。

第二に、これまで本書でたびたび指摘してきたように、市場万能主義の世界的拡延のなかで、中核資本主義諸国はもちろんのこと、途上国においてすら、人びとの孤立と分断と格差が広がっている。そうした現状のなかでいま必要なことは、互酬、協力、連帯、助け合いであり、それがウェルビーイングの向上にとって重要な意味をもつようになった。つまり「紐帯形成」が喫緊の課題となった。

いま一歩広げていえば、前章でも少々ふれたが、いわゆる先進・中進諸国においては、経済社会構造の変動にともなって「新しい社会的リスク」が顕在化してきた。その中味を端的に要約してしまえば、構造変動にともなう新しい人間的能力形成の立ち遅れと社会的人間関係の希薄化である。つまりは今日的な意味における「能力」と「連帯」の形成が必要とされているのである。それゆえ、幸福度指数が「能力」面だけでなく「連帯」面をも視野に入れて「幸福」を説明しているのは、きわめて妥当なところである。

第三に、スウェーデンをはじめとする北欧諸国が高いスコアを示している。さきの人間開発指数でもそうであった。なぜなのか。ごく通例の回答は「福祉国家が発達しているから」ということであろう。それを否定しはしないが、問題はその「福祉国家」の中味である。これを能力形成(個人的達成)と紐帯形成(協調的助け合い)という概念からどう説明するかである。

この点、グラハムは米欧比較をしつつ、「アメリカ人は、個人の努力を強調するということで(悪い意味で)有名です。ヨーロッパ人は典型的に、集団の福祉を重視します」という[10]。あるいは、文化的幸福観を提唱する社会心理学者の内田由紀子は、幸福観の日米比較をしつつ、アメリカでは個人達成志向(自己の能力の開発・発揮に幸福を感ずること)が強く、日本では関係志向(他者との協調のうちに幸福を感ずること)が強いという[11]。こうした米欧比較、日米比較を念頭におきつつも、いま問うべきは北欧の高い幸福度の要因であり、あるいは北欧福祉国家における「能力」と「紐帯」の特徴的な関係性である。[12]

スウェーデンを例にとっていえば、藤田菜々子の研究が参考になる。[13] それによれば、いわゆる「スウェーデン・モデル」は、たんに社会民主党の連帯主義路線の一方的成果なのではなく、同党がつねに自由主義陣営からの批判や牽制と格闘し、またその主張を適宜取り入れながら、福祉国家の建設を進めてきた産物だという。自由主義が主張する「自由選択社会」(それは「能力」重視を意味する)は、むしろ社会民主党からの提案だったという。そこから推察されるのは、スウェーデンでは、紐帯形成(協調性)と能力形成(個人的努力)がともどもも重視され、政策的に重用され、そして両者の好循環が実現した結果として、高度なウェルビーイング社会がもたらされつつあるのだ、ということである。[14]

OECD「ベターライフ・インデックス」

国連の人間開発指数や世界幸福度報告よりもさらに踏み込んでウェルビーイング指標の問題に立ち入っているのが、OECDのベターライフ・インデックス(BLI)である。[15] その報告書は、もはや「人間開発」(human development)や「幸福度」(happiness)と銘打つのでなく、まさに「どんな生活をしているか——ウェルビーイングを測る」(How's life?

Measuring Well-being）と題されている。ベターライフの指標を総合的に提示することによって、「生活の質」や「ウェルビーイング」を真正面から問おうというわけである。OECDは二〇一一年以来、報告書を公表してきているが、それは第一章でみたように、前年に出たスティグリッツ報告書（第一章註23参照）から絶大なインスピレーションを得ている。

BLIは、インデックスといっても、人間開発指数や幸福度指数のように、もはや全体を単一の統合的な数字に集約することはしない。図表7-4にみるように、その特徴は、ウェルビーイング（ゆたかな生）の枠組みとして、「個人のウェルビーイング」だけでなく「ウェルビーイングの持続可能性」をも視野に入れていることにある。そして前者は「生活の質」と「物質的生活条件」という二大カテゴリーに分類される。ここにもA・センの思想が多分に反映されている。

最大の焦点は「生活の質」に当てられ、それは具体的に、①健康状態、②ワークライフ・バランス、③教育と技能、④社会とのつながり、⑤市民参加とガバナンス、⑥環境の質、⑦生活の安全、⑧主観的ウェルビーイング、の八項目からなる。能力形成にかかわる①③⑦、紐帯形成にかかわる②④⑤とひとまず区別できようが、しかし②ワークライフ・バランスは双方にかかわっていよう。そのほかに、⑥環境の質が独自に設定され、また①

図表7-4　ベターライフ・インデックスの概念的枠組み

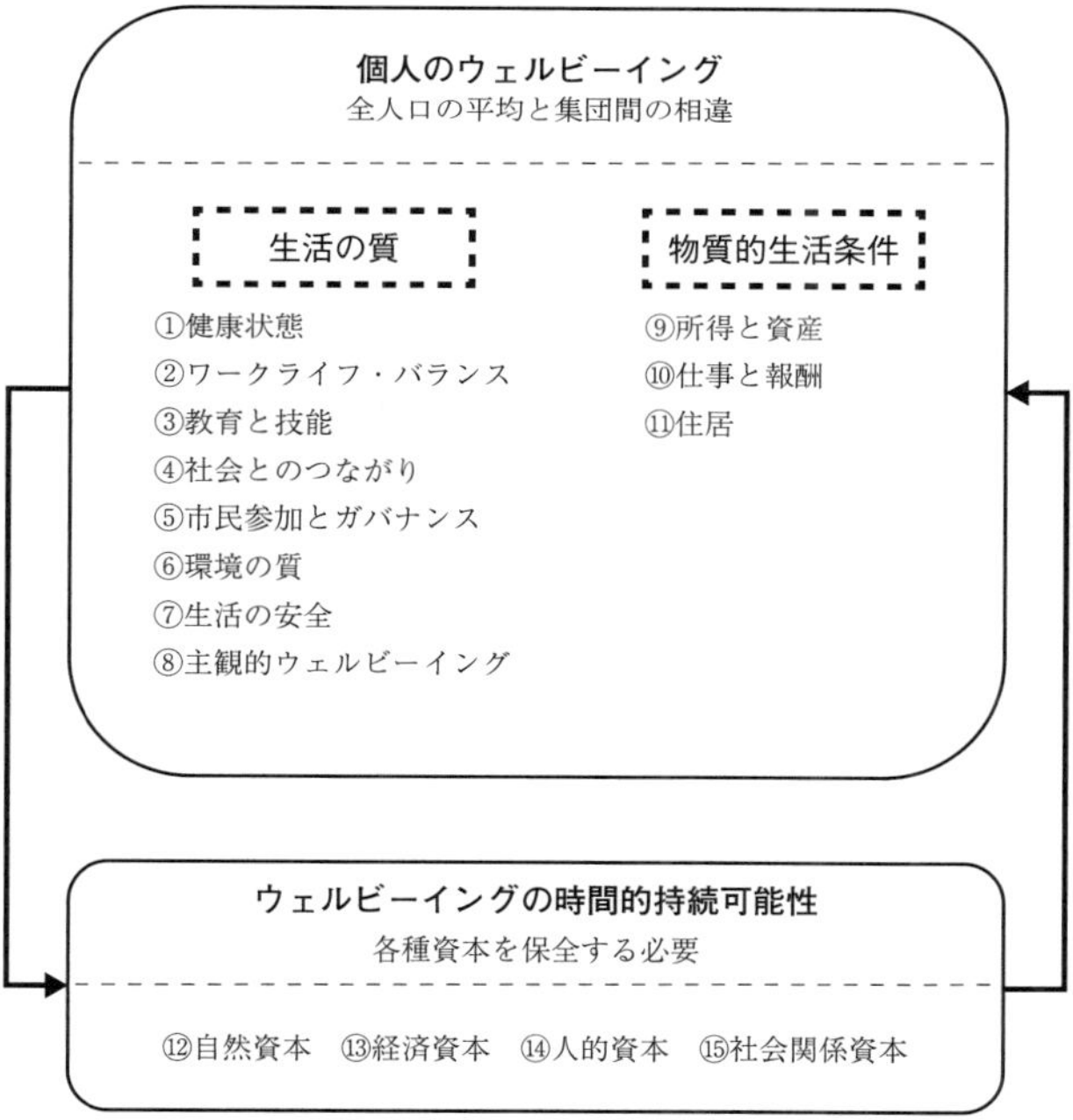

註：各項目の前に付した番号は，本文の叙述と対応させるため筆者が挿入.
出典：OECD, *How's Life? Measuring Well-being*, OECD Publishing, 2011.

〜⑦の客観的ウェルビーイング要因に加えて、⑧主観的なウェルビーイング（つまり幸福感）という要因も重視されている点が特徴的である。

「物質的生活条件」は、⑨所得と資産、⑩仕事と報酬、⑪住居、の三項目から構成されており、「生活の質」を支える物的資金的基盤を意味すると同時に、それらは生活の質から生み出される成果の一端でもある。そこではフローの富（所得、報酬）のみでなくストックの富（資産、住居）まで考慮されている。GDP要因はフローの富のうちに吸収されていよう。

さらにまた、このBLIには「ウェルビーイングの時間的持続可能性」なるカテゴリーが設定され、現在の生活の質やその物質的条件が将来的に持続可能なものであるかどうかも問われている。今日の生活の質がどんなに満足すべきものであっても、それが将来世代のそれを阻害することになるならば、それはよきウェルビーイングとは言えないからである。具体的には、⑫自然資本（自然環境）、⑬経済資本（資産など）、⑭人的資本（教育歴など）、⑮社会関係資本（法制度・信頼関係など）の四指標が、保全されるべきものとして選ばれている。この持続可能性の観点は前述の二指標では考慮に入れられていなかったものであり、BLIの大いなる特徴をなす。

付記すれば、さきの二指数が国別の数値であったのに対して、ＢＬＩは個人別・世帯別の状況にも配慮し、経済よりも人に注目する。国別の数値を見る場合でも、たんなる平均値だけでなく、分布度をも考慮して各種の不平等度をも問題とする。また、以上一五の指標群は、それぞれがまたいくつかの測定項目（ヘッドライン指標）から構成されるものとされる。

これだけ多数の項目を包括するとすれば、「ベターライフ」を詳細に観察することは可能となるだろう。しかし他方、項目が多いので、当然ながらその総体を単一の数字に集約することは簡単にはできないし、それを主要目的にしているわけでもない。

諸項目についての各国別（ないし個人別および地域別）のパフォーマンスの一覧表あるいは計器盤《ダッシュボード》をつくって[16]、ウェルビーイングにおける各国・各地域ごとの強みと弱みを検出していくのが、この指標の目指すところである。その一例として、さきのようにＯＥＣＤから五カ国を抽出して国別のダッシュボードを示したのが、図表7－5である。各種項目において各国の相対的な強み（○印）と弱み（×印）はどこにあるのか。したがってウェルビーイングないしは人間形成的発展に向けて、各国はそれぞれどこに注力すべきか。その検出に焦点を当てた指標である。

図表 7-5　ウェルビーイングのダッシュボード

	指標	測定項目（ヘッドライン指標）	瑞	米	独	日	伊
生活の質	健康	平均余命	○	△	△	○	○
		自己申告による健康状態	△	○	△	×	△
	教育と技能	学歴（高校修了者割合）	△	○	△	—	×
		予想教育年数（40 歳まで）	○	△	△	—	△
		生徒の認知技能（PISA 調査）	△	△	△	○	△
		成人力（数的思考力と読解力）	○	×	△	○	×
	生活の安全	殺人率	△	×	○	○	△
		自己申告による犯罪被害	×	○	△	○	△
	ワークライフ・バランス	長時間労働（週 50 時間まで）	○	△	△	—	△
		余暇と個人ケアの時間	△	△	△	×	△
	社会的つながり	社会的ネットによる支援	△	△	△	△	△
	市民参加とガバナンス	立法過程での協議	○	△	×	△	△
		投票率	○	△	△	△	△
	環境の質	水質満足度	○	△	△	△	△
		大気質（PM10 濃度）	○	△	△	△	×
	主観的幸福	生活満足度	○	△	△	△	×
物質的生活条件	所得と資産	調整済み家計純可処分所得	○	○	○	△	△
		家計純金融資産	○	○	△	○	△
	仕事と報酬	就業率	△	△	△	△	×
		平均年間報酬（フルタイム）	○	○	△	△	△
		短期在職者率	△	△	△	—	○
		長期失業率（1 年以上）	△	△	△	△	△
	住居	1 人当たり部屋数	△	—	△	△	△
		住居費	△	△	△	△	△
		衛生設備（屋内水洗トイレ）	○	○	△	×	△
○の数			13	7	2	6	2
×の数			1	2	1	3	5

註：○は上位 20%，×は下位 20%，△は中位 60% に属することを示す．略号「瑞」はスウェーデン．「—」は不明．
出典：OECD 編著『OECD 幸福度白書 2』西村美由起訳，明石書店，2015 年，36〜37 頁，表 1.1 を抜粋・加筆・修正のうえ作成．

†BLIが意味するもの

図表7-5の説明を兼ねて、このベターライフ・インデックスが意味するものについて、いくつかの点を指摘しておこう。

第一に、このBLIは、現在考えられうる最も包括的かつ有力なウェルビーイング指標をなす。「ゆたかさをどう測るか」への重要な一歩をなしている。さきに見た人間開発指数は、物質的要因を別にすれば、かのウェルビーイングを客観化できる能力要因（寿命と教育）で説明し、つぎに見た幸福度指数は主観的ウェルビーイングを能力要因だけでなく連帯要因も加えて説明するものであった。それに対してBLIは、「生活の質」（ゆたかな生）に焦点を当ててこれを能力・連帯・環境・主観的ウェルビーイングといった多くの要因で説明するだけでなく、さらにその経時的な持続可能性まで視野におさめるものとなっている。ただし、持続可能性の諸項目をはじめとして、各項目の測定方法はまだ十分に確立しておらず、OECDでも検討途上にある。(17)

第二。さきの二つの指数は、計測結果を単一の統合的数字に集約して、その国別ランキングを示すことに重点がおかれていた。このBLIは、国別であれ地域別（例えば日本では都道府県別）であれ、単一の統合的指数をはじき出すのでなく、それぞれの相対的な長所短所を指摘することを狙いとしている。もちろん、統計資料さえ整っていれば、図表中の多数の測定項目（ヘッドライン指標）につき、結果を数値化することはでき、その総結果を集約してランクづけをすることは可能ではある。

しかし、単一化された統合的指数からは、ウェルビーイング向上にむけての努力目標は出てこない。自動車の運転に際して、スピードメーターの値と残存燃料量の値を足して単一の数字を出しても、それはドライバーにとって何の意味もない。だからこそ図表中では、項目ごとの「上位20％」「下位20％」といった分類に重きがおかれているのである。これによって各国は、ウェルビーイング向上にむけて具体的に何に注力すべきかの示唆が得られる。

第三。図表7－5に示した測定項目は基本的なものではあろうが、あくまでも一例であって固定的なものではない。また各項目に均一の重みをもたせるのでなく、目的に応じて異なった重みづけがなされてもよい。つまり諸項目は、各自・各国が目的に応じて加除したりウェイト変更したりすることができるし、またそう期待されている。

例えば「環境の質」を測る項目としては、図表では「水質満足度」と「大気質」が挙げられているのみであって、地球温暖化にかかわる項目は存在しない。温暖化は全地球的な問題であると同時に、その影響は各国・各地域で均等に生じはしない。一例として海面水位上昇や生態系の破壊の問題をとってみると、その影響は地域ごとに異なり、そのかぎりで「生活の質」の悪化も地域ごとに異なる。

影響が均一的であれ非均一的であれ、温暖化対策への取り組みへのヘッドライン指標として、例えば「一人当たりCO_2排出量」とか「再生可能エネルギー利用率」などを導入する余地が残されていよう（もっともこれらは「生活の質」よりも「持続可能性」のカテゴリーで扱われるべきことかもしれない）。要するにBLIの真髄は、世界的に画一的な指標群を強制することでなく、そのフレキシブルな利用と応用の奨励にこそある。

†測定技法と社会ヴィジョン

以上、ウェルビーイングの計測技法について論じてきた。何度もいうが、GDPも計測問題をかかえていたが、ウェルビーイングの計測はそれ以上に道半ばである。GDPはそれでも計測法の改善が進められているが、ウェルビーイングの測定を目指すBLIは膨大な情報量の前に手つかずの項目も多く、計測の厳密性に欠けることは否めない。

しかし、一人当たりGDPのみでウェルビーイングを見る間違いが判明した現在、必要なことは、ウェルビーイングの尺度性能を上げていくことであって、GDPに戻ることではない。「なぜ私たちは、厳密なやり方で間違っているほうが良いとし、漠然と正しくあるのを拒否しなければならないのだろうか?」(A・セン)[18]。GDPに戻るのでなく、GDPを超える(beyond GDP)のである。一眼的なGDPから多眼的なウェルビーイングへと視野を広げることが要請されている。部分の精確さは全体の的確さに裏打ちされてこそ意味をもつ。

この章でみた三つの測定システムはいずれも、GDP中心主義と経済成長至上主義を乗り超えようとする意図をもつ。ただし三者は技法と社会ヴィジョンを異にする。最初の人間開発指数は「能力形成」にかかわる客観的指標に焦点を当てる。それは「人間の発展」というゆたかな生を、たんにゆたかな富(GDP)のみでなく、人間のもつ潜在的能力の開花において測る試みである。そこには人間のもつ潜在的能力が自由に発展する社会が夢みられている。

次にみた幸福度指数は、ウェルビーイングを主観的幸福感において測る試みであり、また主観的幸福感のいかんをたんに「能力形成」のみならず「紐帯形成」にかかわる諸指標から説明しようとするものであった。そこでは「幸福」ということに最大限の価値がおかれ、その実現のために必要な条件として、たんに能力開発面だけでなく、人びとのつながりをも重視する社会ヴィジョンが暗示されている。

最後にみたベターライフ指標は、単一の統合的指数によるウェルビーイング表示とその国別ランキング表示を排し、「生活の質」「物質的生活条件」に加えて「持続可能性」の観点を加味しつつウェルビーイングを概念化するものであった。そして中心をなす「生活の質」を構成する要因としては、「能力形成」と「紐帯形成」だけでなく「環境」と「幸福感」をも射程におさめるものであった。そこにあるのは、右の幸福度指数が暗示するものに加えて、環境問題や持続可能性をも射程におさめた将来社会構想である。

ゆたかさをどう測るか。その計測の目標、項目、技法をめぐる右の相違は、たんなる技術の問題に終わらない。「尺度の選択は暗黙裡に世界観を体現している[19]」。技術問題のなかには経済社会観や文明観が宿っている。将来社会構想のいかんが宿っている。技法に担われて思想がある。そして思想は技法のなかに宿る。「ゆたかさを測る」とはそういうことである。

サルコジのあのことばを思い起こそう。「経済パフォーマンスを計測する手法を変えないかぎり、われわれの行動は変わらないだろう。(…)統計と会計は、われわれの世界観、経済観、社会観と不可分である。(…)われわれが構築する文明なるものは、われわれがどういう会計計算を行うかによって決まる」(第一章参照)。と同時に、これに応えて作成されたスティグリッツ報告書がこう断言していたことも、書きそえておこう。「われわれの測定システムが経済的生産の測定から人びとのウェルビーイングの測定へとシフトするという、その機は熟した」[20]。

†日本のウェルビーイング的課題

最後に、このBLIから判明する日本のウェルビーイングの状況について一言しておこう。図表7－5中の「生活の質」にかかわる諸指標のうち、はじめの三指標(健康、教育と技能、生活の安全)については、日本は○印(上位20%内)が比較的多いが、次の三指標(ワークライフ・バランス、社会的つながり、市民参加とガバナンス)については凡庸な位置にある。換言すれば国際的にみて、「能力形成」としてのウェルビーイングはまずまずであるが、「紐帯形成」としてのウェルビーイングについては貧弱な成果しかあげられていない。さきにみた「世界寄付指数」の低さを想起されたい(註8参照)。

文化的幸福観によれば日本は「協調性」優位の社会だと言われているにもかかわらず、「紐帯形成」において弱いという結果が出ている。おそらく、その「協調性」において普遍性や自発性が欠如しているからではなかろうか。ウチに優しくソトに冷たい「協調」でしかないのではなかろうか。この点は、それこそ日本社会の「タテ社会」的構造（中根千枝）とも関係するが、近年では広井良典が、見知らぬ他者に対する日本人の無関心性の問題として憂慮しているところでもある。協調性や関係性が、身内中心の「共同体的な一体意識」から「個人をベースとする公共意識」（市民的公共性）へと昇華していくところに、新しい紐帯、新しい互酬が成立するのであろう。[21]

そこから、現代日本におけるウェルビーイング向上にむけての課題の一端が見えてくる。人間形成的課題をひとまず能力形成と紐帯形成の両面でみた場合、「能力形成」面でも、各人の潜在的能力がもっともっと開花し発揮されるような教育的文化的制度の改革が望まれる。学校教育の現場ひとつをとってみても、いわゆる受験勉強の重圧が生徒の持てる潜在的能力の開花をいかに抑えこんでいるか。また大学でも、高い授業料や給付型奨学金の不備がいかに若者をして進学を断念させたり、仮に進学しても、アルバイトに追われて勉学時間や健康を蝕んでいることか。音楽や美術の道を志しながら、それでは生計が維持できず、心ならずもその道を捨てざるをえない若い才能がいかに多いことか。教養教育やリカレント教育も、もっと充実されてよい。

だが、いまはこの「能力形成」問題にこれ以上立ち入らない。以下、より多く問題をかかえる「紐帯形成」面に焦点をしぼってみよう。

日本は男女平等、市民参加、寛容度、政治的信頼、ワークライフ・バランスなど、人びとの紐帯形成において弱点をかかえていた[22]。特に働きざかりの成年男子は、いわゆる企業中心社会が崩壊しつつあるなかでも、依然として会社中心の生活を送りがちであり、人間関係が会社中心的になりやすい。ワークライフ・バランスのスコアがきわめて低いのである。そのことが、仕事以外の世界での社会的奉仕への参加や自発的結社の形成を妨げているし、諸個人の社会的孤立を高めている。ちなみにスウェーデンでは成人人口の半分は、何らかのアソシエーションに参加し学習の場をもっているとのことである。

アソシエーションへの低い参加度とは、日本において自発的かつ自治的な中間組織の形成が脆弱だということを意味する。個人の自由意思にもとづく市民社会組織――あるいはテーマ志向型のコミュニティ――の結成やそれへの参加が乏しいということでもある。

例えば自治会・町内会など地域に密着した中間組織は、高齢者や女性に担われて存在しているケースが多く、いわゆる現役男性の参加が少ない。合唱・絵画・ハイキングなどの趣味の集まりはもっと増えてもよいし、いわゆるＮＰＯが担うことの多い医療・教育・福祉・文化・環境・アドボカシーなどの団体も、年齢や性別に関係なく、多くの人びとの参加が望まれる。

時代はもはや、かつてのような企業丸抱えの時代ではない。かつては、個人と社会総体の間には企業という「中間組織」が介在し、いわば「企業共同体」として良くも悪くも経済社会の荒波に対する防波堤の役を果たしていた。企業内的ではあるが紐帯形成の場でもあった。そうした企業社会が崩壊したいま、個人や世帯は丸裸で経済社会総体のうちに投げ出されたも同然である。このとき個人を守り育てるのは、新しい自発的な結社（アソシエーション）なのである。

そうした「下から」のアソシエーション形成を通じて、個人の新しい学びの場も与えられ、それは人間形成に資するところ大であろう。そういった「下から」の中間団体がもっと簇生《そうせい》し、人びとの紐帯形成や能力形成を支えるべきであろう。行政も企業もそれを支援する気構えが必要だ。そこに、民主主義にかんしても、たんなる投票民主主義を超えて参加民主主義への志向が強まる芽が存在する。

「和」の国といわれながら、しかし人びとの社会的孤立度の高い日本。その日本に必要なのは、各自が中間団体に積極的に参加し、そしてその活動の活発化をとおして、人びとが相互に学び合う場を形成することだ。そこから日本のウェルビーイング的課題克服への道すじも見えてこよう。

学ぶとは生きることそのものであり、生きるとは学ぶということである。人間は生涯、問いをもち学ぶことによろこびを見いだす存在である。「学問」を「学び問うこと」と理解するかぎり、学問とは本来そういう場でこそ形成されるべきものだ。つまり、アソシエーションや新しいコミュニティは紐帯形成の場でありつつ同時に、学問創造の場となり能力形成の場となる。それをとおして人間は、自由な個人へと陶冶されていく。経済学者・内田義彦のことばに耳を傾けてもらいたい。

自由な個体というのは、同時に学問創造の一環を受け持っている者でなければならんと私は思います。学問の単なる受け手であるというようなことでは、いくらひまがあり「文化生活」を享受していても、所詮社会に埋没した人間であって、とても自由な個体なんていうことはできない。[23]

人類は個人の「自由」「平等」を求めて封建制を打ち破り、近代社会を創りあげた。そして今日、産業の発展とともに、最新モデルの品々に囲まれたいわゆる「文化生活」は、日本人のみならず多くの現代人のあこがれとなった。その結果、自由な個体は「ゆたかな富」を追い求めるのに汲々とし、「成長、成長……」と叫びつづけている。旧共同体への埋没を拒否したはずの近代の自由人は、結局のところ、魅惑的な財やサービスにあふれる「社会に埋没した人間」になり果て、「巨大な商品の集まり」に翻弄される不自由な人間へと転落した。少なくともそれによって幸福にはなっていない。

いま必要なのは「埋没」から脱して、「社会を創っていく人間」である。そのためにはアソシエーション（例えば種々のNPO）を共に形成し、そのなかで身近な問題から大きな問題まで、共に解決すべく共に学んでいくことである。それをとおして能力形成と紐帯形成を図っていくことである。そうした主体的かつ協同的な学びは、おのずと「学問の単なる受け手」でなく「学問創造の一環を受け持つ」人間の形成につながっていくことだろう。そのなかにこそ自由でゆたかな生が待っている。

第八章 ウェルビーイング社会をどう創るか

GDP概念への反省に始まって本書が辿ってきたのは、ゆたかな生をどう測り、どう実質化していくかということへの道であり、またそのための思想的および概念的な基礎を確認しておくことであった。それは同時に「富」についての見方の革新を求めるものであり、また市場・国家の二元論から市場・国家・市民社会の三元論へと経済社会観を転換させようとするものであった。

とりわけ、医療・教育・福祉・文化などの対人社会サービス活動ないし人間形成的活動の重みが増している現在、市民社会やNPOセクターが体現する互酬と協力の原理のもつ意味に光が当てられた。概念や原理の議論に加えて、ウェルビーイングを測定する各種の試行にも焦点を当て、ウェルビーイング社会をどう具体的に創りあげるかへの示唆も得ようとしてきた。以下、そのウェルビーイング社会への展望につき少々補足して本書を閉じたい。

†人間形成主導型の経済社会

ウェルビーイング社会とは、何よりもまず人間形成を軸にした経済社会である。ここに人間形成とは、固いことばでいえば「人間による人間の生産」のことであり、つまりは人間が人間にはたらきかけて、はたらきかけられた人間の状態を改善することをいう。それはおそらく、はたらきかけた側の人間にもプラス・アルファをもたらすことであろう。

それは経済社会活動の目的があくまでも人間の側に置かれた社会であって、人間が経済社会活動の手段になるような社会ではない。ウェルビーイング社会とは、「経済のための人間」「成長のための人材」でなく、「人間のための経済」「ゆたかな生のための経済活動」が基軸的原理となるような社会である。「富」ということばにかかわらせて比喩的にいえば、「ゆたかな富こそゆたかな生だ」というのでなく、「ゆたかな生こそゆたかな富だ」と実感される社会である。

やや理想論に走った言い方になってしまったかもしれないが、現実に基盤をおかない空想論を述べているのではない。製造業中心からサービス業中心へと産業構造が転換し、しかもそのサービス業ないしサービス活動のなかでは、医療、教育、福祉、文化といった対人ケアサービスの比重が高まりつつあるのが現実である。その趨勢をはっきりと「人間形成型活動」への道として自覚し、その「人間形成」を満面開花させるべく阻害要因を克服していくことが、私たちには求められている。

人間形成ということばを使ってきたが、ドラッカー流にいえば「人間変革」である。そのドラッカーは、人間変革の延長上に「コミュニティの変革」と人間の「自己実現」を見晴るかしていた（第六章参照）。この二つは、われわれが本書で用いてきた用語になおせば、「紐帯形成」と「能力形成」に相当する。そしてまた、この「紐帯《つながり》」と「能力《もちあじ》」は、ウェルビーイングの測定問題のなかで発見されたように、ウェルビーイングや幸福度を支える二大支柱をなしていた（第七章参照）。

端的に言ってしまえば、ある程度の物的ゆたかさが実現した社会にあっては、ゆたかな生（well-being）は、もはやモノそのもの（more-having）にあるというよりも、信頼できる社会的つながりのなかで助け合える関係に恵まれること（紐帯）と、健康にめぐまれつつ自らの進路を自由に選択できて、持てる潜在的および後天的な各種能力を存分に発揮できること（能力）、――この二つのうちにある。そして、その能力形成と紐帯形成が因果関係的に好循環を形成すること。そのことのうちにこそ「人間形成」があり、同じことだが「ウェルビーイング」がある。

†「下から」の社会形成

人間のための経済。もちろんそれは、言うは易く行うは難し、である。私たちは長年、人間よりも経済を優先する「成長病」に取り憑かれてきたし、何よりも利潤追求を第一義とする資本主義システムの支配下にいるからである。だがしかし、その資本主義のもとにあってすら、人間形成的なケアサービスの伸長がみられ（第六章参照）、ボウルズの言うように不完備契約の拡大とともに「協力」と「信頼」にもとづくホモ・レシプロカンスが誕生し（第五章参照）、あるいはまた、北欧諸国のように高いウェルビーイングを生みだす制度構築に成功している社会もある（第七章参照）。

ここで注目すべきは、非営利組織や非営利セクターのもつ先導的な役割である。とりわけ人間形成的活動に従事するNPOは、たしかに弱小かつ不安定なものも多いが、見方を変えれば、それだけ機動力にすぐれ創意と柔軟性に富んだ存在なのである。ということは、経済社会の激変とともに次々と生ずる新しいリスクや困難に対して、臨機応変、細やかに即応できるという利点をもつ。

あのスウェーデンにおける高いウェルビーイングも、たんに「上から」の福祉国家政策の産物ではなく、無数に存在する各種のサークルや学習会など、いわば「下から」のNPO活動に支えられてこそ実現したものであった[1]。広範な人びとによるアソシエーションへの参加、そしてそれら各種アソシエーションの連合、つまりは市民的公共圏の形成、——

そういった「下から」の力こそが社会を変えてゆく。ドラッカーは、サードセクターは人間を変えコミュニティを変えると言ったが、つまりは「市民社会が社会を変える」(2)ということである。

NPOとちがって市場や国家といった大組織は、不断に生起する新規の社会的課題に即応することは、ほとんど不可能である。利潤動機・義務動機でなく倫理動機を、交換原理・再分配原理でなく互酬原理を旨とする小規模なNPOだからこそ、積極果敢に対応しうるという長所をもつ(第六章参照)。どんなに小さく地域的な存在であっても、人間形成的活動において非営利組織がはたす、このパイロット的役割を見逃すべきではなかろう。

小から大へ、地域から広域へ、下から上へ。この力学的方向がうまく作動するとき、そのときはじめて、ウェルビーイング社会への着実な歩みを見ることであろう。もちろんそれは、いわば「上から」の大局的な政治的決断を排除するものではない。むしろ、それを期待したい。ただしそうした政治的転換は、この無数の小さな運動に支えられてこそ首尾よくその目的を達することができるのであろう。

†新しい互酬性

少し視野を広げて、市場・国家・市民社会の三元構成からなる現代の経済社会を考えてみよう。NPOの先導的役割とは、広くいえばコミュニティ的・市民社会的な互酬原理のもつ社会変革的意義とも言いかえうる。現代社会は市民社会のほかに、市場（利潤追求）および国家（再分配原理）から成っているが、右のことは市民社会の原理、すなわち互酬ないし互恵の原理が他分野へと拡張されていくべきだということを意味する。

コミュニティないし市民社会は「第三《サード》セクター」とも呼ばれるが、社会の存立構造の観点からみれば、すでに何度も述べたように、それはむしろ第一の基層的なセクターである。だから本来、国家原理や市場原理はこの基層的原理を確固として踏まえないと、安定したゆたかな社会は望めない。逆にいえば、市場領域や国家領域のなかにもっと互酬原理（あるいは信頼と協力の原理）を浸透させていく余地があるし、浸透させていくべきだということである。このことは、別の観点からもすでにいくつか指摘されている。

スウェーデンを見ると、知識社会では、社会システム〔協力原理に立つ非営利組織など〕が経済システム〔交換原理〕と政治システム〔強制力原理〕の方向に拡大していくことがわかる。(3)

> ここで新たに生まれる発想は（…）「コミュニティ」という、（利潤極大化よりも）「相互扶助」ないし「互酬性」の原理で動く領域を再評価し、したがって「公・共・私」の三元論的なシステムを構想していくという方向である（…）。企業にそくして見るならば、それは企業行動の中に何らかの形で「コミュニティ」（ないし相互扶助、循環）的な原理を導入するということであり、SDGs的な話題ともつながる。[4]

具体例をみよう。大災害や大事故の時にみられる、人びとの間の共感と信頼と利他心にみちた物心のやり取りが「互酬」そのものであることは言うまでもない。いや、非常時に限らず、私たちの日常生活においても、家族間や親友間では互酬的関係に満ちている。視野を広げて見知らぬ他者に対する関係においても、例えば政府や自治体の事業をめぐって、NPOがもつ使命感、倫理意識、地域密着性は、官僚主義的な行政機構の硬直性を補完し、あるいは打破して、きめ細かなサービスの発想やノウハウを行政に伝授し、こうして画一的行政を変えていく契機となりうる。市場については、フェアトレード運動やESG投資（以上、一四三頁参照）なども、利益第一主義の企業および市場のなかに市民社会の論理と倫理を組み込んでいくひとつの道であろう。

右の議論のうちには「互酬」「互酬性」の語が頻出しているが、これは「互恵」「互恵性」と言い換えてもよい。「互酬」が文化人類学でよく使われてきたこともあって、この語は多少ともアルカイックな社会関係を想起させてしまうかもしれない。しかし原語のreciprocityは本来、「相互（依存）関係」「助け合い」を意味することばである。その意味で互酬は、ポランニーも言うとおり、現代社会にも厳存する関係原理である。それは再分配（国家）および交換（市場）とならぶ現代社会のひとつの統合原理なのである（第四、五章参照）。現代社会が求める互酬性、いわば「新しい互酬性」について、レギュラシオン学派のA・リピエッツはこう語っている。

社会は「市場／公共」という対概念、つまり交換と再分配の原理だけで機能するわけではない。前近代的な社会の基礎を形成する要素（家族、村落）は、基本的に互酬性にしたがって機能していた。（…）家族、氏族、教会区、民族共同体、これらが歴史的な進化から判断すれば、後退であるとみなされることは、きわめて正当である。歴史的な進化のなかで、個人は共同体的な束縛から解放されて、ますます自己を確立し、自分で責任をもつことを望むようになったし、また、そうしなければならなくなった。だが、この

「自由な個人」は、市場と公共的な所得再分配だけで満足できないし、また、生きてゆくことさえできない。かつての強いられた共同体に代わって、はるかに直接的で自由な結社（association）にもとづく社会的紐帯を、まったく自律的に築くことをますます望むようになる。自由な個人は「自由な諸個人たちによる互酬性」をつくり直さなければならない。(5)

ウェルビーイング社会をつくるということは、新しい互酬性（自由な諸個人たちによる互酬性）の原理が――圧倒的に支配的になるとは言わないまでも――いっそう優勢になる社会へと進んでいくことである。互酬性の原理を小から大へと、つまり家族から地域や企業へと、そこからさらにまた広い組織や社会へと浸み込ませていくことである。それはまた、「自由な結社にもとづく社会的紐帯」を、下から上へと主体的に創りあげることでもある。あくまでも「自由な諸個人」として。

「互酬」という語への誤解を避けるために、「新しい互酬性」についてもう一言つけ加えておく。新しい互酬性とは、ウチに優しくソトに冷たいという旧共同体的な関係でなく、「個人が独立しつつつながる」(6)というかたちの互恵関係である。いわば市民的公共性のことである。あるいは、経済学用語で比喩的にいえば、非個性的・斉一的な「単純協業」的関係でなく、自由かつ異質な諸個人がその異質性のメリットを生かしつつ相互依存関係をむすぶという「分業」的な互恵関係だといってよかろう。

†市民社会から市民社会へ

この章ではウェルビーイング社会の実現にむけて、人間形成志向の非営利団体がはたす役割を、そしてその基本理念として生かされるべき「新しい互酬性」のもつ意義を見てきた。さきにみた「能力形成」と「紐帯形成」を別の角度から照射したものだといってもよい。

ここであらためて注意を喚起したいのは、「非営利団体」なり「互酬性」なりの語に含意される「中間団体」の意義である。それは「アソシエーション」「結社」「結合関係」など、さまざまに言いかえることができようが、いずれにしても人びとの自由意思にもとづく集まりであり、さらには連帯組織である。「新しい市民社会論」の代表的論客たるハーバーマスは、これをZivilgesellschaft（市民社会）という造語で表現した（第五章参照）。そして本書もこれまで、この市民社会概念を踏襲してきた。

その「市民社会」の語を使うならば、右にみたこと――新しい互酬性の原理を社会総体へと浸透させていくこと、あるいは市民社会セクターの倫理と論理を市場・国家セクターにまで拡延していくこと――は、社会総体を「市民社会」化していくことである。話がややこしくなるので、ハーバーマス的な中間団体およびその圏域を「メゾ市民社会」と呼び、それが社会総体にまであるていど拡延・浸透した姿を「マクロ市民社会」と呼べば、これはメゾ市民社会を通じてマクロ市民社会へ、という社会変革像である。メゾ市民社会はマクロ市民社会へと通じて、これを変えていく。

マクロ市民社会とは奇異な命名かもしれないが、実は戦後日本の市民社会論は一貫して、このマクロ市民社会を問いつづけてきた。つまり経済社会の一部たる市民社会セクターでなく、経済社会（とりわけ日本の経済社会）が総体としてどこまで自由・平等な市民的関係として編成されているかを問題としてきた。それがここにいう「マクロ市民社会」論であるが、そのときの「市民社会」は civil society ないし bürgerliche Gesellschaft の訳語としてであった。

戦後日本で展開された市民社会論は、通例、「西欧近代」に代表される自由・平等な諸個人からなる交換的社会をある程度理想化しながら、日本資本主義ははたしてそのような市民社会のうえに築かれたものであろうかと問う議論だと理解されている。その背後には、日本社会に根強く残存する前近代性や国家中心主義を批判するという問題関心があった。「上から」の道を拒否する思想でもあった。ただしこれはほぼ共通項の理解であって、戦後市民社会論の代表的論客たる内田義彦にあっては、そこからさらに深い思索へと到達している。その内田に即して、あらためてマクロ市民社会論の到達点を見届けておこう。

内田にも幾多の市民社会概念が混在しているが、思想的に成熟した晩年の作品にあっては、市民社会はもっと抽象化されたところで捉えなおされる。近代市民社会論から抽象的市民社会論へと思考が深化していく。その抽象化されたところで捉えなおされた市民社会とは、①人間が人間らしく生きるということ（ゆたかな生）が自己目的となる社会であり、②一人ひとりの人間が生きているということそれ自体のもつ絶対的な意味と重さが尊重されるという意味で人権・生存権が確立した社会であり、そしてそれは、③さまざまな社会形態をくぐりぬけて歴史的に貫徹し、人類史の伏流を形成しつつ次第次第に実現していくものとしてあった[7]。たんなるセクターとしてでなく、あるいはたんなる歴史的一段階としてでなく、社会総体としてこれが——紆余曲折はあれ——歴史貫通的に現実化していくというのが、内田の到達した市民社会像である。

こう見てくると、内田的市民社会はある意味では、ハーバーマス的市民社会の論理が市場・国家にまで浸透しつくした究極的な姿を提起したものだといえる。(8) 日本的なマクロ市民社会論は、少なくとも内田的市民社会論は、メゾ市民社会論がむかうべき方向を示す羅針盤の位置にある。それ以上に、この抽象的市民社会論は、人間形成とウェルビーイングに対して、あるべき方向をごく抽象的なかたちではあれ示しているという意味で、ウェルビーイング社会の思想的原点をなす。

メゾ市民社会からマクロ市民社会へ。セクターとしての市民社会から歴史的伏流としての市民社会へ。近代市民社会から抽象的・歴史貫通的市民社会へ。つまりは、市民社会から市民社会へ。「ウェルビーイング社会をどう創るか」はそのような問題へとつながっていくのであろう。

註

＊本書での基本的な参考文献を太字で表記した。
＊掲載したウェブページの最終閲覧日は二〇二四年一一月二二日。

第一章

（1）浦田春河「今年をウェルビーイング元年に」日本経済新聞二〇二二年一月五日。
（2）増田貴司「ウェルビーイング経営の必要性」日本経済新聞二〇二二年五月一一日。
（3）明珍美紀「「ウェルビーイング」追求」毎日新聞（東京版）二〇二四年五月六日。
（4）宮田裕章「GDPより幸福度測る軸を」「ウェルビーイングの計測を」中日新聞二〇二四年四月一二日、五月一七日／東京新聞五月七日、六月二五日。
（5）百十四グループ「長期ビジョン2030」(https://www.114bank.co.jp/company/management_plan/pdf/vision.pdf）では「ウェルビーイングな地域社会の創造」が謳われている。なお、ここにみる「ウェルビーイングな」という形容詞（？）は、他の文献でも見かけられるが（註18参照）、こういう用法もやがて日本語として定着していくのだろうか。飯間浩明「街のB級言葉図鑑　ウェルビーイングな」朝日新聞二〇二四年三月三〇日。
（6）「ウェルビーイング　まちづくりの指標に」読売新聞二〇二二年三月二二日。
（7）https://www.pref.toyama.jp/100224/kensei/kenseiunei/sosiki/19/100224.html
（8）その若干例。デジタル庁「デジタル庁におけるスマートシティ分野の取り組み」二〇二一年

(https://www5.cao.go.jp/keizai-shimon/kaigi/special/reform/ab1/20211102/shiryou4-2-2.pdf)。同「地域幸福度（Well-Being）指標を活用したデジタル・スマートシティの推進」二〇二三年（https://www.digital.go.jp/assets/contents/node/basic_page/field_ref_resources/1eb514b0-5e04-4b40-9cac-e14243 9bad12/86cb8de6/20230719_meeting_digital-garden-city-nation-wellbeing_agenda_outline_03.pdf）

（9）内閣府「経済財政運営と改革の基本方針２０１９」七二頁（https://www.pref.kanagawa.jp/documents/33059/2019_basicpolicies_ja.pdf）。内閣府「経済財政運営と改革の基本方針２０２０について」八頁（https://www5.cao.go.jp/keizai-shimon/kaigi/cabinet/honebuto/2020/2020_basicpolicies_ja.pdf）。

（10）https://www5.cao.go.jp/keizai-shimon/kaigi/cabinet/honebuto/2023/2023_basicpolicies_ja.pdf

（11）「骨太の方針２０２４」については以下を参照。「経済財政運営と改革の基本方針２０２４——賃上げと投資がけん引する成長型経済の実現」（https://www5.cao.go.jp/keizai-shimon/kaigi/cabinet/honebuto/2024/2024_basicpolicies_ja.pdf）。なお、以上の経緯の一端については、**鈴木寛「ウェルビーイングの国内動向」**ウェルビーイング学会編『ウェルビーイングレポート日本版２０２２』二〇二二年五月参照（https://society-of-wellbeing.jp/wp/wp-content/uploads/2022/09/Well-Being_report2022.pdf）

（12）デジタル庁「デジタル田園都市国家構想」（https://www.digital.go.jp/policies/digital_garden_city_nation）

（13）内閣府「第６回会議資料 令和６年 会議結果—経済財政諮問会議」（https://www5.cao.go.jp/keizai-shimon/kaigi/minutes/2024/0523/agenda.html）

（14）ウェルビーイング学会（https://society-of-wellbeing.jp/）

（15）**橋本努『自由原理——来るべき福祉国家の理念』**岩波書店、二〇二一年、第５章。**日本財政学会編『ウェルビーイングと財政〈財政研究 第20巻〉』**有斐閣、二〇二四年。財政学会シンポジウムのパネリストは馬奈木俊介・筒井義郎・駒村康平・藤田菜々子、コーディネーターは諸富徹。

(16)とりあえず「幸福の経済学」「幸せの経済学」と銘打った文献のみ例示する。**ブルーノ・S・フライ、アロイス・スタッツァー『幸福の政治経済学——人々の幸せを促進するものは何か』**佐和隆光監訳、沢崎冬日訳、ダイヤモンド社、二〇〇五年(原書初版二〇〇二年)。**ブルーノ・S・フライ『幸福度をはかる経済学』**白石小百合訳、NTT出版、二〇一二年(原書初版二〇〇八年)。**キャロル・グラハム『幸福の経済学——人々を豊かにするものは何か』**多田洋介訳、日本経済新聞出版社、二〇一三年(原書初版二〇一一年)。**橘木俊詔『「幸せ」の経済学』**岩波現代全書、二〇一三年。**友原章典『幸福の経済学』**創成社、二〇一三年など。

(17)ラファエル・A・カルヴォ、ドリアン・ピーターズ『ウェルビーイングの設計論——人がよりよく生きるための情報技術』渡邊淳司、ドミニク・チェン監訳、ビー・エヌ・エヌ新社、二〇一七年(原書初版二〇一四年)。

(18)**前野隆司、前野マドカ『ウェルビーイング』**日経文庫、二〇二二年。**草郷孝好『ウェルビーイングな社会をつくる』**明石書店、二〇二二年。**加藤守和『ウェルビーイング・マネジメント』**日本経済新聞出版、二〇二二年。**大塚直、諸富徹編『持続可能性とWell-Being——世代を超えた人間・社会・生態系の最適な関係を探る』**日本評論社、二〇二二年。

(19)ウェルビーイングにかかわる一般書も二〇二〇年代に入ってから急増しており、そのすべてを網羅することは不可能なので、気づいたかぎりでタイトルと出版年のみを以下に掲げる。『WELL BEING(ウェルビーイング)?』(二〇二一年)、『ウェルビーイング経営!』『ウェルビーイングな学校をつくる』『ウェルビーイングビジネスの教科書』『職場のウェルビーイングを高める』『むかしむかしあるところにウェルビーイングがありました』(以上二〇二二年)、『ウェルビーイングを実現するライフデザイン』『ファイナンシャル・ウェルビーイング』『最強の組織は幸せな社員がつくる――ウェルビーイング経営のすすめ』『実践！ウェルビーイング診断』『実践！ウェルビーイング――世界最強メソッド「ビジョン・ゼロ」』『ウェルビーイング時代のフィジカル・シンキング』『最高の未来はウェルビーイングから始まる』『ウェルビーイング的思考100』『幸せなチームが結果を出す――ウェルビーイング・マネジメント7か条』『新しいビジネスをつくり出す「女性たちのウェルビーイング」マーケティング』『ウェルビーイングで変わる！食と健康のマーケティング』（以上二〇二三年）、『ウェルビーイング・シンキング』『ウェルビーイングな保育・幼児教育のためのポジティブ心理学』『幸福と訳すな！ウェルビーイング論』『子どもと教師のウェルビーイングを実現するカリキュラム・マネジメント』『教員のウェルビーイングを高める「働きやすさ・働きがい」改革』『仕事も人生もスーッと整う幸せになる練習。ウェルビーイング73の行動リスト』（以上二〇二四年）。

(20)前野隆司監修、中島晴美、山田将由、岸名祐治『〈99％の小学生は気づいていない!?〉ウェルビーイングの魔法』Z会、二〇二三年。前野マドカ『きみだけの幸せって、なんだろう――10才から考えるウェルビーイング』WAVE出版、二〇二四年。

(21)渡邊淳司、ドミニク・チェン監修・編著『わたしたちのウェルビーイングをつくりあうために――その思想、実践、技術』ビー・エヌ・エヌ、二〇二〇年。渡邊淳司、ドミニク・チェン『ウェルビーイングのつくりかた――「わたし」と「わたしたち」をつなぐデザインガイド』ビー・エヌ・エヌ、二〇二三年。

(22)「人間開発報告書」はインターネット上でもアクセスしうる。発刊から一五年間ほどについては、**足立文彦『人間開発報告書を読む』**古今書院、二〇〇六年が参考になる。

(23)**ジョセフ・E・スティグリッツ、アマルティア・セン、ジャン＝ポール・フィトゥシ『暮らしの質**

を測る――経済成長率を超える幸福度指標の提案』福島清彦訳、金融財政事情研究会、二〇一二年（原書初版二〇一〇年）。

（24）「サルコジ・フランス大統領 前文」同右書所収、一～一一頁。

（25）**山田鋭夫『ウェルビーイングの経済**』藤原書店、二〇二二年、二一頁参照。ついでながら、welfare と区別して well-being を積極的に問うた先駆的経済学者はＡ・マーシャルであった。この点、**Tamotsu Nishizawa, 'Alfred Marshall on Progress and Human Wellbeing,'** in Roger E. Backhouse, Antoinette Baujard and Tamotsu Nishizawa eds., *Welfare Theory, Public Action, and Ethical Values: Revisiting the History of Welfare Economics*, Cambridge and New York: Cambridge University Press, 2021 参照。

（26）日本ＷＨＯ協会訳。原文は以下のとおり。"Health is a state of complete physical, mental and social well-being and not merely the absence of disease or infirmity." (https://japan-who.or.jp/about/who-what/identification-health/)

第二章

（1）ＧＤＰ（国内総生産）がある地域（主として国土）のある期間（主として一年間）における付加価値（＝産出－中間投入）の合計であるのに対して、ＧＮＰはある国民についてのそれである。つまりＧＤＰは国土内の外国籍企業の付加価値を含むのに対して、ＧＮＰはこれを除外し、代わりに在外自国企業の付加価値を算入した数字である。どちらの場合にも、以上は生産面からの規定であるが、これを分配面からみれば、付加価値は賃金所得（広義の労働分配分）と利潤所得（広義の資本分配分）に分配されるので、結局、ＧＤＰは「国内総所得」に等しい（減価償却の問題は度外視しておく）。「国民」レベルでいえば「国民総所得」（ＧＮＩ）である。さらにまた、これらを支出面からみれば

「GDP＝消費＋投資＋財政＋（輸出－輸入）」であり、GDPのこの三面（生産、分配、支出）は相互に等しい。
（2）**ダイアン・コイル『GDP――〈小さくて大きな数字〉の歴史』**高橋璃子訳、みすず書房、二〇一五年、一一三頁（原書初版二〇一四年）。
（3）代表的には**トマ・ピケティ『21世紀の資本』**山形浩生、守岡桜、森本正史訳、みすず書房、二〇一四年（原書初版二〇一三年）参照。また、**馬奈木俊介、池田真也、中村寛樹『新国富論――新たな経済指標で地方創生』**岩波ブックレット、二〇一六年も参照。
（4）トマス・マン『外国貿易によるイングランドの財宝』渡辺源次郎訳、東京大学出版会、一九六五年。原書出版はマン死後の一六六四年だが、実際の執筆は一六三〇年前後。
（5）**アダム・スミス『国富論（上）』**高哲男訳、講談社学術文庫、二〇二〇年、二七頁（原書初版一七七六年）。
（6）ただしこれは、スミスにストック分析がないということではない。『国富論』第1編第11章は地代を語りつつ土地ストックを問題とし、また第2編は資本ストックの蓄積を論じている。同じことは、「商品」フローの分析から始めたマルクスについても言える。
（7）**内田義彦『経済学の生誕』**未來社、一九五三年参照。
（8）**カール・マルクス『資本論（1）』**岡崎次郎訳、国民文庫、一九七二年、七一頁（原書初版一八六七年）。
（9）**内田義彦『資本論の世界』**岩波新書、一九六六年、第Ⅲ章参照。
（10）**アルフレッド・マーシャル『経済学原理（第1巻）』**西沢保、藤井賢治訳、岩波書店、二〇二四年、第2編2〜3章／馬場啓之助訳、東洋経済新報社、一九六五年、第2編2〜3章（原書初版一八九〇年、第8版一九二〇年)。

(11) この点、マーシャル自身が、経済学は「福祉〔ウェルビーイング〕に関わる物的〔物質的〕な要件の獲得と利用」に関連する学問だと書いていようとも（同右書、第1編第1章）、またロビンズがマーシャル経済学を「物質主義」だとして切って捨てようとも、マーシャルが「富＝効用」観に立つかぎり彼の「物」「物質」のうちにはサービスも含まれると理解すべきであろう。ロビンズの見解については以下を参照。ライオネル・ロビンズ『経済学の本質と意義』小峯敦、大槻忠史訳、京都大学学術出版会、二〇一六年、五～一三頁／辻六兵衛訳、東洋経済新報社、一九五七年、六～一七頁（原書初版一九三二年）。

(12) コイル、前掲書（註2）、五四頁。なお、旧ソ連では一九六九年、独自の「物的生産量計算体系」が発表された。これは、サービス部門は不生産的だとの理解のもと、これを除外して文字どおり「物的」生産量を計測するものであった。

(13) 経済産業省「サービス生産性レポート」二〇二二年三月。(https://www.meti.go.jp/press/2021/03/20220328005/20220328006-1.pdf)

(14) スティグリッツ、セン、フィトゥシ、前掲書（第一章註23）、三七頁。

(15) J. E. Stiglitz, 'GDP Fetishism,' *Project Syndicate*, Sep. 7, 2009. (https://www.project-syndicate.org/commentary/gdp-fetishism)

(16) 以上の点を最大限強調しておいたうえで、しかし本書は、ウェルビーイングの要因理解や計測において「GDP」や「一人当たりGDP」をただちに完全に排除せよ、とまで主張するものではない。この点、のちの第七章参照。なお、GDPの問題点を指摘した文献は多いが、なかでも以下を参照のこと。坂本徳仁「訳者解説」、**マーク・フローベイ『社会厚生の測り方』**坂本徳仁訳、日本評論社、二〇一三年所収（原書初版二〇〇九年）。

第三章

（1）なお、この図表から「1人当たりGDP成長率＝GDP成長率－人口成長率」「労働生産性上昇率＝GDP成長率－総労働時間増加率」という恒等関係がほぼ成立していることも読み取っておいてほしい。

（2）フォーディズム的成長体制について詳しくは、**山田鋭夫『レギュラシオン・アプローチ――21世紀の経済学』**藤原書店、一九九一年（増補新版一九九四年）および**山田鋭夫『レギュラシオン理論――経済学の再生』**講談社現代新書、一九九三年参照。

（3）**ジョン・K・ガルブレイス『ゆたかな社会　[決定版]』**鈴木哲太郎訳、岩波現代文庫、二〇〇六年（原書初版一九五八年）。

（4）ウォルト・W・ロストウ『経済成長の諸段階――一つの非共産主義宣言』木村健康、久保まち子、村上泰亮訳、ダイヤモンド社、一九六一年（原書初版一九六〇年）。

（5）ガルブレイス、前掲書（註3）、二〇六～二〇七頁。

（6）中村達也『ガルブレイスを読む』岩波書店、一九八八年、九三頁。

（7）なお、ガルブレイスは当初「ゆたかな社会」の新しい病として、依存効果のほかにも、インフレの高進や、社会的バランスの喪失――豊富な民間部門商品と貧弱な公的部門サービス（例えば社会的インフラ）――などを挙げていた。のちに彼は、このうちインフレ（賃金と物価の悪循環）については、今日では以前ほどの脅威でなくなった、と見解を修正している（ガルブレイス「四十周年記念版への序文」前掲書［註3］所収）。

(8) 宇沢弘文『「豊かな社会」の貧しさ』岩波書店、一九八九年。
(9) 同右書、二三三頁。
(10) 暉峻淑子『豊かさとは何か』岩波新書、一九八九年。
(11) 暉峻淑子『豊かさの条件』岩波新書、二〇〇三年。
(12) 事実、実質賃金指数は一九九六年をピークにして、それ以後は下降をつづけている。「平均的な日本人は貧乏になっていた」（友原章典、前掲書［第1章註16］、六九頁）。
(13) Richard A. Easterlin, 'Does Economic Growth Improve the Human Lot? Some Empirical Evidence,' in P. A. David and M. W. Reder eds., *Nations and Households in Economic Growth: Essays in Honor of Moses Abramovitz*, New York: Academic Press, Inc., 1974.
(14) Hadley Cantril, *The Pattern of Human Concerns*, New Brunswick N.J.: Rutgers University Press, 1965.
(15) 主観的なものを数値的に可視化させる手法としては、一一段階からなるキャントリルラダーのみが唯一のものでなく、調査目的や質問内容に応じて、三段階、五段階、等々、多様な段階設定がありうる。
(16) Ed Diener and M. E. P. Seligman, 'Beyond Money: Toward an Economy of Well-Being,' *Psychological Science in the Public Interest*, 5 (1), 2004.
(17) R. Inglehart, R. Foa, C. Peterson and C. Welzel, 'Development, Freedom and Rising Happiness: A Global Perspective 1981–2006,' *Perspectives on Psychological Science*, 3 (4), 2008. フライ、スタッツァー、前掲書（第一章註16）、一一二頁参照。
(18) この点は図表3－3では判明しないが、同様の分析を行ったInglehartらの論文（註17）における

Figure 2によって明らかである。この図については**内田由紀子『これからの幸福について――文化的幸福観のすすめ』**新曜社、二〇二〇年、一一頁も参照。

(19) グラハム、前掲書（第一章註16）、一五〇頁。

(20) フライ、スタッツァー、前掲書（第一章註16）、一三頁。

(21) ほかに **R. A. Easterlin, 'Will Raising the Incomes of All Increase the Happiness of All?,'** *Journal of Economic Behavior and Organization*, 27 (1), 1995, p. 40 および、**ダニエル・カーネマン『ダニエル・カーネマン 心理と経済を語る』**友野典男監訳、山内あゆ子訳、楽工社、二〇一一年、一〇〇頁参照。さらに一九六〇〜二〇一〇年については、**多田洋介「訳者解説」**（グラハム、前掲書［第一章註16］、所収）、二一一頁。一九七八〜二〇一一年については、幸福度に関する研究会「幸福度に関する研究会報告――幸福度指標試案」二〇一一年参照（https://www5.cao.go.jp/keizai2/koufukudo/pdf/koufukudosian_sono1.pdf）。

(22) 代わって幸福の決定要因となるのは、健康、対人関係の充実、失業していないこと、老後不安をはじめ各種のストレスをかかえないことだと、「国民生活白書」二〇〇八年版は指摘する。これらをさらに要約すれば、後論でみるように、各自がその潜在的能力を存分に開花・発揮できること（持ち味）と、各人が各種の社会的つながりのなかでたしかな居場所を持てること（持ち場）に尽きよう。

(23) **アダム・スミス『道徳感情論』**高哲男訳、講談社学術文庫、二〇一三年、三三三〜三三五頁（原書初版一七五九年）。

(24) 同右、三三八頁。内田義彦、前掲書（第2章註7）、一二二〜一二三頁参照。

第四章

(1) **ユルゲン・ハーバーマス『公共性の構造転換——市民社会の一カテゴリーについての探求〔第2版〕』**細谷貞雄、山田正行訳、未來社、一九九四年(原書第2版一九九〇年)の「一九九〇年新版への序言」参照。ハーバーマス的市民社会論について、および、それと戦後日本における市民社会論との関係については、後論でふれる予定。また、以下「コミュニティ/市民社会」は、特別の場合を除いて「市民社会」と簡略表現する。

(2) **カール・ポランニー『人間の経済——市場社会の虚構性(Ⅰ)』**玉野井芳郎、栗本慎一郎訳、岩波現代選書、一九八〇年、第3章(原書初版一九七七年)。

(3) **神野直彦『人間回復の経済学』**岩波新書、二〇〇二年、一四頁。

(4) **神野直彦『システム改革の政治経済学』**岩波書店、一九九八年、序章。**神野直彦『財政と民主主義——人間が信頼し合える社会へ』**岩波新書、二〇二四年、二二二頁。**神野直彦『増補 教育再生の条件——経済学的考察』**岩波現代文庫、二〇二四年、一二七頁。

(5) **カール・ポラニー『〔新訳〕大転換——市場社会の形成と崩壊』**野口建彦、栖原学訳、東洋経済新報社、二〇〇九年、第11章参照(原書初版一九四四年)。

(6) ドゥフルニ「第三主要セクターの起源、形態および役割」**ジャック・ドゥフルニ、カンポス・モンソン編『社会的経済——近未来の社会経済システム』**富沢賢治ほか訳、日本経済評論社、一九九五年、所収(原書初版一九九二年)。

(7) 以下を参照。ジャン゠ルイ・ラヴィル「連帯と経済——問題の概略」、**ラヴィル編『連帯経済——その国際的射程』**北島健一ほか訳、生活書院、二〇一二年所収(原書初版二〇〇七年)。西川潤「連帯経済——概念と政策」、**西川潤、生活経済政策研究所編『連帯経済——グローバリゼーションへの対案』**明石書店、二〇〇七年所収。**富沢賢治『社会的経済セクターの分析』**岩波書店、一九九九年、第

1、2章。**富沢賢治「社会的連帯経済とはなにか――協同組合運動の新理念」**『生協総研レポート』第九八号、二〇二三年三月。

(8)「ウェルビーイング」とならんで「社会的連帯経済」も聞きなれない語かもしれないが、これも近年、急速に広まってきた用語である。文献のみの例示にとどめるが、右記の註6・7に挙げたものに加えて、以下が目につく。廣田裕之『社会的連帯経済入門――みんなが幸せに生活できる経済システムとは』集広舎、二〇一六年。柏井宏之、樋口兼次、平山昇編『西暦二〇三〇年における協同組合――コロナ時代と社会的連帯経済への道』社会評論社、二〇二〇年。井上良一『社会的連帯経済への道――［続］未踏の時代の経済・社会を観る』社会評論社、二〇二一年。立見淳哉、長尾謙吉、三浦純一編『社会連帯経済と都市――フランス・リールの挑戦』ナカニシヤ出版、二〇二一年。藤井敦史編著『地域で社会のつながりをつくり直す社会的連帯経済』彩流社、二〇二二年。なお、**ロベール・ボワイエ『自治と連帯のエコノミー』**山田鋭夫訳、藤原書店、二〇二三年（原書初版二〇二三年）も、原題を直訳すれば『社会的連帯経済』である。

(9) ボワイエ、同右書、四一頁および付表1。なお、非営利組織にかんする系統だった概念整理については、**田尾雅夫、吉田忠彦『非営利組織論』**有斐閣、二〇〇九年、第1章参照。

(10) アソシエーションについては各種の説明や解釈がなされているので、そのごく一部のみ紹介する。今村仁司は端的に「相互扶助（組織）」と要約しており（『交易する人間――贈与と交換の人間学』講談社、二〇〇〇年、二一一頁）、また斎藤幸平は、マルクスのそれについて、「マルクスは、「自治」を育むボトムアップ型の組織を「アソシエーション」と呼び、このアソシエーションを広げていくことが、社会を変えていくための基礎だと考えた」という（斎藤幸平、松本卓也編『コモンの「自治」論』集英社、二〇二三年、二四六頁）。

(11) 以下を参照。**Salamon, Lester M., S. Wojciech Sokolowski and Associates, *Global Civil Society: Dimensions of the Nonprofit Sector*, vol. 2**, Published in association with the Johns Hopkins Comparative Nonprofit Sector Project, Boulder and London: Kumarian Press, 2004. なお「4・4%」という数字は原文のママ。

(12) **レスター・M・サラモン、H・K・アンハイアー『台頭する非営利セクター――12ヵ国の規模・構成・制度・資金源の現状と展望』**今田忠監訳、ダイヤモンド社、一九九六年、xviii頁(原書初版一九九四年)。なおサラモンは、レーガン政権期におけるアメリカ非営利セクターの危機についても論じているが、これについては以下を参照のこと。**サラモン『NPO最前線――岐路に立つアメリカ市民社会』**山内直人訳・解説、岩波書店、一九九九年(原書初版一九九七年)。

(13) カール・マルクス、フリードリヒ・エンゲルス『新版 ドイツ・イデオロギー』花崎皋平訳、合同新書、一九六六年、七三頁(原著初筆一八四五～四六年)。

(14) サラモン、アンハイアー、前掲書(註12)、一六七頁。

第五章

(1) ホモ・エコノミクスの思想史については、**重田園江『ホモ・エコノミクス――「利己的人間」の思想史』**ちくま新書、二〇二二年のみごとな内在的分析をぜひ参照されたい。

(2) **ピョートル・クロポトキン『〈新装〉増補修訂版 相互扶助論』**大杉栄訳、大窪一志解説、同時代社、二〇一七年(原書初版一九〇二年)。

(3) 以下の引用は順に、同右書、二八～二九、一三八、三〇五、三〇〇、二八九～二九〇頁。

(4) ポランニー、前掲書(第四章註2)、第3章。

（5）ただし、市場－交換、国家－再分配、コミュニティ（市民社会）－互酬といった対応関係は、あくまでも理念型的なものであって、現実には、例えば市民社会領域において互酬と交換が混在するといったケースもありうる。以下を参照。Jean-Louis Laville, Dennis R. Young and Philippe Eynaud eds., *Civil Society, the Third Sector and Social Enterprise: Governance and Democracy*, London & New York: Routledge, 2015, p.17.

（6）**エリノア・オストロム『コモンズのガバナンス――人びとの協働と制度の進化』**原田禎夫、齋藤暖生、嶋田大作訳、晃洋書房、二〇二二年（原書初版一九九〇年）。以下、オストロムからの引用は、同書一六頁。

（7）Garrett Hardin, 'The Tragedy of the Commons,' *Science*, 162 (3859), 1968. 以下、ハーディンからの引用は、*ibid.*, p. 1244.

（8）ボワイエ、前掲書（第四章註8）、八四頁。

（9）**神野直彦『「分かち合い」の経済学』**岩波新書、二〇一〇年、一九頁。

（10）**宇沢弘文『社会的共通資本』**岩波新書、二〇〇〇年。宇沢弘文『宇沢弘文傑作論文全ファイル』東洋経済新報社、二〇一六年。

（11）ハーバーマス、前掲書（第四章註1）。以下のハーバーマスからの引用は同書xxxviii頁。「新しい市民社会」論文献としては、ほかにJean L. Cohen and Andrew Arato, *Civil Society and Political Theory*, Cambridge Mass: The MIT Press, 1992を参照。

（12）Samuel Bowles, Robert Boyd, Ernst Fehr and Herbert Gintis, '*Homo Reciprocans*: A Research Initiative on the Origins, Dimension, and Policy Implications of Reciprocal Fairness,' *Working Paper UMass*, 1997. (https://www.umass.edu/preferen/gintis/homo.pdf) ／**S. Bowles and H. Gintis, A**

Cooperative Species: Human Reciprocity and its Evolution, Princeton & Oxford: Princeton University Press, 2011／**サミュエル・ボウルズ『モラル・エコノミー――インセンティブか善き市民か』**植村博恭、磯谷明徳、遠山弘徳訳、NTT出版、二〇一七年、ちくま学芸文庫、二〇二四年（原書初版二〇一六年）。

（13）Bowles and Gintis, *op. cit.*（註12）, p.1.

（14）以下、ボウルズ、前掲書（註12）、第5章、参照。

（15）以上の二引用は、Bowles and Gintis, *op. cit.*（註12）, pp. 199-200.

（16）ボウルズ、前掲書（註12）、第5章。

第六章

（1）**広井良典『科学と資本主義の未来――〈せめぎ合いの時代〉を超えて』**東洋経済新報社、二〇二三年、一五五頁。ここでは「ケア」の語の広狭の振幅が指摘されているが、別の場所では広井は「ケア」語を個人とコミュニティなどをつなぐ決定的媒介環として位置づける。「ケアという営みは、現代の社会において、ともすれば孤立してバラバラになっていきがちな「個人」を、その土台にある「コミュニティ」へと、さらには「自然」そして「スピリチュアリティ」へと、いわば「つないで」いくという点にその本質があるのではないかと考えられる」（**広井良典『持続可能な福祉社会――「もうひとつの日本」の構想』**ちくま新書、二〇〇六年、二三七～二三八頁）。なお、「ケア」の語は倫理学やフェミニズムにおいてもいわば再発見されており、そこから重要な問題提起がなされている。ケア活動のうちに見られる「責任」の道徳を摘出して、これを既存の（男性的な）「権利」の道徳に対置した**キャロル・ギリガン『もうひとつの声で――心理学の理論とケアの倫理』**（川本隆史、山辺恵理子、米典子訳、風行社、二〇二二年〔原書初版一九八二年〕）がその嚆矢であり、これを受けて日本でも、ケアにおける市民社会セクター（ＮＰＯ）の役割を重視する**上野千鶴子『ケアの社会学——当事者主権の福祉社会へ』**（太田出版、二〇一一年）や、ケア関係における当事者間の非対称性を強調し既存の正義論の欠陥を指摘する**岡野八代『ケアの倫理——フェミニズムの政治思想』**（岩波新書、二〇二四年）などの仕事が生まれている。

（2）レスター・Ｍ・サラモン「福祉国家の衰退と非営利団体の台頭」『中央公論』第一三一三号、一九九四年一〇月（原論文初出一九九四年）。

（3）**富永健一『社会変動の中の福祉国家——家族の失敗と国家の新しい機能』**中公新書、二〇〇一年。

（4）田尾雅夫、吉田忠彦、前掲書（第四章註9）、九〇頁。

（5）**鶴見哲也、藤井秀道、馬奈木俊介『幸福の測定——ウェルビーイングを理解する』**中央経済社、二〇二一年、五六〜五七頁。

（6）**神野直彦『「人間国家」への改革——参加保障型の福祉社会をつくる』**ＮＨＫ出版、二〇一五年、六七〜六八頁。

（7）**宮垣元『ＮＰＯとは何か』**中公新書、二〇二四年、二三八頁。

（8）田尾、吉田、前掲書（第四章註9）、二〇六頁。宮垣、同右書、二〇四頁。

（9）サラモン、アンハイアー、前掲書（第四章註12）、第7章。

（10）神野直彦『システム改革の政治経済学』前掲（第四章註4）、二三九頁。

（11）この文を含む三引用の出典は順に以下のとおり。**ピーター・Ｆ・ドラッカー『新しい現実——政治、経済、ビジネス、社会、世界観はどう変わるか』**上田惇生訳、ダイヤモンド社、二〇〇四年、二二五〜二二六頁（原書初版一九八九年）。**ドラッカー『ポスト資本主義社会——21世紀の組織と人間はどう**

変わるか』上田惇生、佐々木実智男、田代正美訳、ダイヤモンド社、一九九三年、二八二頁（原書初版一九九三年）。**ドラッカー**『**非営利組織の経営**』上田惇生訳、ダイヤモンド社、二〇〇七年、viii-xi頁（原書初版一九九〇年）。

第七章

（1）内閣府「国際機関及び各国政府で研究が進められている社会進歩及び幸福度の測定について」(https://www5.cao.go.jp/keizai2/koufukudo/pdf/koufukudosian_sankousiryou.pdf)、および**福島清彦**『**国富論から幸福論へ——GDP成長を超えて暮らしの質を高める時代**』税務経理協会、二〇一一年参照。

（2）**UNDP**, ***Human Development Report 1990***, New York and Oxford: Oxford University Press, 1990.

（3）詳細はUNDP『人間開発報告書2010』阪急コミュニケーションズ、二〇一一年に収録されている「テクニカルノート」を参照。

（4）以上に示したのは当初に用いられた算出法であるが、その後、改良のためいくつかの修正や追加がなされている。例えば三つの指数の算術平均（三指数を加算して3で割る）から幾何平均（三指数を乗じて立方根を求める）に改められたり（二〇一〇年）、人びとの間の不平等化は人間開発を妨げるので、これを考慮した不平等調整済み人間開発指数（IHDI）やジェンダー開発指数（GDI）が考案されたりしている。同右書参照。

（5）**ブルーノ・アマーブル**『**五つの資本主義**』山田鋭夫、原田裕治ほか訳、藤原書店、二〇〇五年、第5章（原書初版二〇〇三年）。

(6) **WHR Editorial Board, *World, Happiness Report 2024*** (https://worldhappiness.report)
(7) 日本人の幸福感について興味深い統計分析をしたものとして、**橘木俊詔、高松里江『幸福感の統計分析』**岩波書店、二〇一八年参照。
(8)「寛容度」の一例として「世界寄付指数」が挙げられよう。これは「見知らぬ人を助ける」「寄付を行う」「ボランティアを行う」などの項目から構成されている。ちなみに日本は世界一一九カ国のなかでワースト二位であり、特に「見知らぬ人を助ける」点で成績が悪い。市民的公共性の欠如のゆえであろう。宮垣、前掲書（第六章註7）、一五頁参照。
(9)「紐帯形成」とは少々ぎごちないことばであるが、要するに人びとの「つながり」「絆」の形成のことである。それは本書がこれまで用いてきた用語でいえば、信頼、協力、互恵であり、また助け合い、支え合い、分かち合いを含意する。
(10) グラハム、前掲書（第一章註16）、八四頁。
(11) 内田由紀子、前掲書（第三章註18）。
(12) 心理学における自己決定理論（他律的でなく自己による決定の度合いが動機や成果に影響すると説く）では、幸福の要因として「自立」(autonomy)、「能力」(competence)、「関連性」(relatedness)が指摘されている、とフライは言う（フライ、前掲書［第一章註16］、二九頁）。他方、「ニュー・エコノミクス」を主唱するボイル、シムズは、幸福のモデルとして「生活満足度」「人間的な発達」「社会的な帰属や貢献」という三次元を語る（**デイヴィッド・ボイル、アンドリュー・シムズ『ニュー・エコノミクス――GDPや貨幣に代わる持続可能な国民福祉を指標にする新しい経済学』**田沢恭子訳、一灯舎、二〇一〇年、八二頁［原書初版二〇〇九年］）。両者に共通しているのは「能力＝人間的な発達」と「関連性＝社会的な帰属や貢献」のふたつが指摘されていることである。このふたつは本書のことばでいえば「能力」と「紐帯」である。同じく経済学の側から佐和隆光は、幸福の源泉を「他者とのかかわり」（参加、使命感、思いやり）と「目標を達成するまでのプロセス」のうちにみる（**佐和隆光『この国の未来へ――持続可能で「豊か」な社会』**ちくま新書、二〇〇七年、六八〜六九頁）。この二点もそれぞれ、「紐帯」と「能力」に関連しているといえよう。

（13）**藤田菜々子『社会をつくった経済学者たち――スウェーデン・モデルの構想から展開へ』**名古屋大学出版会、二〇二二年、終章。

（14）同様の指摘として、知識社会としてのスウェーデンを見すえつつ、その鍵を「人間的能力」と「絆」のうちに見る神野直彦も参照されたい。「知識集約型産業の基盤となるのは、人間そのものの知的能力と社会資本〔人間のきずな〕である」（神野『人間回復の経済学』前掲〔第四章註3〕、一六四頁）。「知識社会で人間的能力として、二つの要素が重要となる（…）。一つは、個人的な人間的能力である。もう一つは、その個人的な人間的能力を惜しみなく与えあう人間の絆〔社会資本〕である」（『増補　教育再生の条件』前掲〔第四章註4〕、一二八頁）。

（15）OECD（経済協力開発機構）には現在、欧米を中心に日韓を含めて三八ヵ国が加盟しており、俗称「先進国クラブ」と言われる。文字どおり経済面での協力と開発を主任務とするが、各種統計資料の整備にも力を注いでいる。BRICs諸国は加盟していない。

（16）ウェルビーイングのダッシュボード的表示の具体例については、以下を参照されたい。**OECD編著『OECD幸福度白書』**徳永優子、来田誠一郎、西村美由起、矢倉美登里訳、明石書店、二〇一二年、三三頁（原書初版二〇一一年）。**OECD編著『OECD幸福度白書2』**西村美由起訳、明石書店、二〇一五年、三六〜三七頁（原書初版二〇一三年）。

（17）前註の『OECD幸福度白書』各年版をはじめ、以下の書物が出ている。OECD編著『主観的幸福を測る——OECDガイドライン』桑原進監訳、高橋しのぶ訳、明石書店、二〇一五年（原書初版二〇一三年）。ジョセフ・スティグリッツ、ジャン＝ポール・フィトゥシ、マルティーヌ・デュラン編著、OECD編『GDPを超える幸福の経済学——社会の進歩を測る』明石書店、二〇二〇年（原書初版二〇一八年）。OECD以外のところでも、例えばフローベイ、前掲書（第二章註16）、などによる提案がある。

（18）ジェフリー・ホーソン編、アマルティア・センほか著『生活の豊かさをどう捉えるか——生活水準をめぐる経済学と哲学の対話』玉手慎太郎、児島博紀訳、晃洋書房、二〇二一年、六二〜六三頁（原書初版一九八七年）。

（19）Isabelle Cassiers and Géraldine Thiry, 'Du PIB aux nouveaux indicateurs de prospérité: Les enjeux d'un tournant historique,' in Cassiers et al., *Redéfinir la prospérité: Jalons pour un débat public*, Editions de l'Aube, 2011, p. 65.

（20）スティグリッツほか『暮らしの質を測る』前掲（第一章註23）、一二頁。

（21）広井良典『持続可能な福祉社会』前掲書（第六章註1）、二〇四〜二三二頁、および**広井良典『コミュニティを問いなおす——つながり・都市・日本社会の未来』**ちくま新書、二〇〇九年、一五〜一八頁参照。ついでながらここで広井は、日本人が社交のために家族以外の人たちと会う時間はOECD諸国中で最低なことを示しており、日本人が相対的に社会的孤立（紐帯形成不足）にあることを指摘している。

（22）OECD, *How's Life in Japan?* (https://www.oecd.org/wise/Better-Life-Initiative-country-note-Japan-in-Japanese.pdf)

（23）**内田義彦『作品としての社会科学』**岩波書店、一九八一年、六六頁。

第八章

(1) 石原俊時『市民社会と労働者文化――スウェーデン福祉国家の社会的起源』木鐸社、一九九六年。

(2) 川崎あや『NPOは何を変えてきたか――市民社会への道のり』有信堂高文社、二〇二〇年、一八一~一八二頁。

(3) 神野直彦『人間回復の経済学』前掲(第四章註3)、一四二~一四三頁。

(4) 広井良典『科学と資本主義の未来』前掲(第六章註1)、一九四~一九五頁。

(5) アラン・リピエッツ『サードセクター――「新しい公共」と「新しい経済」』井上泰夫訳、藤原書店、二〇一一年、一一一~一一二頁(原書初版二〇〇一年)。

(6) 広井良典『コミュニティを問いなおす』前掲(第七章註21)、三九頁。

(7) 内田義彦『学問への散策』岩波書店、一九七四年。内田義彦『作品としての社会科学』前掲書(第七章註23)。なお、山田鋭夫『内田義彦の学問』藤原書店、二〇二〇年、第I部第3章参照。

(8) もちろんハーバーマス自身は、自らの市民社会論を市場領域・国家領域にまで拡張することを拒否するであろう。というのも、ハーバーマス的市民社会論は、あくまでも「非国家的・非経済的な結合関係」として定義されていたからである。本書第五章参照。

あとがき

希望を語りたかった。

今日の世界には、大国間の敵対や戦争の惨劇、金融権力の強大化や貧富格差の拡大、社会的分断や排外主義の高まり、そして気候変動問題を前にした各国間の対立など、寒々とした暗雲が垂れこめている。各国の内部でも貧富格差、各種の差別や排除はいっこうに解消する気配はない。

人類社会がそのような絶望的状況に陥っているのは間違いないが、しかし他面、新しい希望の灯が見えないわけではない。そこに思い切って強い光を当てて希望を語ってみたかった。それもたんなる夢想でなく、地に足の着いた希望を語りたかった。そのとき私に手がかりを与えてくれたのが「ウェルビーイング」の語であり、またこれをめぐる各種の言説であった。

この本では、新しい「ゆたかさ」概念を象徴するウェルビーイングについて、経済学の観点からあれこれと考えてみた。それゆえ、右のような「世界の悲惨」を直接には問うていないという意味で、いささかオプティミスティックな議論だとのそしりを受けるかもしれない。けれども内心では、GDPやウェルビーイングを問題にすればするほど、世界には、そしてこの日本においても、「ウェルビーイング以前的」な生活苦や「GDP以前的」な生存危機に瀕している人びとが厳存しているという事実について、問題意識のかけらもない幸福論など書くつもりはなかった。

むしろ、資本主義のこの時点になって垣間みえてきたところの、人間形成主導のウェルビーイング社会への光明を確実に捉え、そのいっそうの実現にむかっての道すじを見定めておくことは、「世界の悲惨」をどういう方向で解決したらよいかについて示唆をあたえるものだと確信している。そしてそれを示すことは、経済学のみならず社会科学にとってきわめて重要な今日的課題だと思う。本書がその一翼を担うことができれば、望外の幸せである。

顧みれば、私が経済学を志したきっかけは「貧困」の問題であった。……とは、いまになって醒めた眼で過去を振りかえってみてはじめて言えることであって、若き日、それは明確には自覚できていなかった。けれども思い起こせば、敗戦直後の「どん底」生活のなかで幼少期を過ごした私にとって、自らをふくめて周囲の貧苦にどれだけ心を痛めたことか。青少年期、高度成長の時代といわれたなかにあって、モノは出回りはじめたが、それは物価値上げとセットをなしていて、貧乏学生にとっては決して「楽な」生活ではなかった。広く見わたせば、モノのゆたかさは手放しで喜べるものでなく、それと裏腹に労働災害、過労死、交通事故、公害病、自然略奪、人間関係の疎遠化など、新しい貧しさと苦悩が生み出されていた。

往時のそんな原体験があったからなのか、「まずしさ」は無意識のうちに心底に浸みこんだ問題関心をなしていたのだろう。この本では「ゆたかさ」を前面に押し出すかたちとなったが、もちろん、それはかつての「まずしさ」問題と無縁であるどころか、むしろその問題の延長上にある問いである。その意味で小著は、私自身の年来のモヤモヤとした疑問に対して、回答への入口にようやく辿りついた記録なのかもしれない。願わくは「希望」の書としての回答であってほしい。

そんな私の思考を進めるにあたっては、数々の知的刺激を与えてくださった学校内外の多くの方々がいる。いちいちお名前を挙げることは控えるが、お世話になった学校内外の多くの先生方、互いに議論しあったり書物などを通して学的交流の機会を与えてくださった多数の学友や同僚、いわゆる「現役」引退後や「本業」のかたわら地域の自治・安全・福祉・文化的啓発などでボランティア活動をしている同窓の友、そして、かつて私の指導生であり今はそれぞれの分野で活躍している研究者や社会人、――これらのみなさんに、この場を借りて御礼申し上げたい。

そして最後になったが、最大の感謝の念をお伝えしたいのは、私見を発表する機会をつくっていただいた筑摩書房の関係者のみなさんである。とりわけ、本書の編集にたずさわっていただいた、ちくま新書編集部の加藤峻さんには深甚の感謝を捧げたい。

二〇二五年一月

山田鋭夫

ちくま新書
1842

ゆたかさをどう測《はか》るか
――ウェルビーイングの経済学《けいざいがく》

二〇二五年二月一〇日　第一刷発行

著　者　山田鋭夫（やまだ・としお）
発行者　増田健史
発行所　株式会社 筑摩書房
東京都台東区蔵前二-五-三　郵便番号一一一-八七五五
電話番号〇三-五六八七-二六〇一（代表）
装幀者　間村俊一
印刷・製本　株式会社 精興社

ISBN978-4-480-07670-0 C0236

ちくま新書

1637 ホモ・エコノミクス
――「利己的人間」の思想史
重田園江
経済学が前提とする「利己的で合理的な主体」はどこで生まれ、どんな役割を果たしてきたのか。私たちの価値観を規定するこの人間像の謎を思想史的に解き明かす。

1740 資本主義は私たちをなぜ幸せにしないのか
ナンシー・フレイザー
江口泰子訳
資本主義は私たちの生存基盤を食い物にすることで肥大化する矛盾に満ちたシステムである。世界的政治学者がそのメカニズムを根源から批判する。（解説・白井聡）

1836 景気はなぜ実感しにくいのか
前田裕之
「生活が苦しい」という国民と「景気回復」を発表する政府はいつも食い違う。どうしてデータと実感がズレるのか。景気の実相を究明して日本経済に光をあてる。

800 コミュニティを問いなおす
――つながり・都市・日本社会の未来
広井良典
高度成長を支えた古い共同体が崩れ、個人の社会的孤立が深刻化する日本。人々の「つながり」をいかに築き直すかが最大の課題だ。幸福な生の基盤を根っこから問う。

837 入門　経済学の歴史
根井雅弘
偉大な経済学者たちは時代の課題とどう向き合い、それぞれの理論を構築したのか。主要テーマ別に学説史を描くことで読者の有機的な理解を促進する決定版テキスト。

1749 現代フランス哲学
渡名喜庸哲
構造主義から政治、宗教、ジェンダー、科学技術、エコロジーまで。フーコー、ドゥルーズ、デリダに続く、変容する時代を鋭くとらえる強靭な思想の流れを一望する。

1241 不平等を考える
――政治理論入門
齋藤純一
格差の拡大がこの社会に致命的な分断をもたらしている。不平等の問題を克服するため、どのような制度を共有すべきか。現代を覆う困難にいどむ、政治思想の基本書。